中国百物語

話 梅子 Fa Meizu

アルファポリス文庫

http://www.alphapolis.co.jp/

鬼を語れば怪至る

ある冬の夜、君誨《くんかい》と韓愈《かんゆ》、柳宗元《りゅうそうげん》の三人で怪談を語り合った。

ふと見れば、窓の外で光の点がちらちら光っている。まるで蛍が群れ飛んでいるようであった。今は冬、しかも風が激しく吹きつけ、雪の降るたいそう寒い晩である。蛍が飛んでいるはずがない。三人はぞっとして顔を見合わせた。

見守るうちにも光の点はどんどん増えていき、幾千万にもなったかと思うと、部屋の中に飛び込んできた。光は丸く集まって鏡のようになったり、ばらばらに散ったりをくり返した。やがて犬の吠えるようなけたたましい音を残して、いずこへか飛び去った。

三人のうち、一番肝の太い韓愈でさえ真っ青になっていた。柳宗元と君誨は目を覆って突っ伏すばかりであった。

ことわざに、

「白日に人を談ずることなかれ。人を談ずれば害を生ず。昏夜《こんや》（暗い夜）に鬼を語ることなかれ。鬼を語れば怪至る」

というが、本当のことのようだ。

（唐『龍城録』）

もくじ

一話　寺の棺　9
二話　銭湯の怪　12
三話　白骨怪　13
四話　琵琶を弾く妖怪　16
五話　白い手　18
六話　被害者の声　22
七話　真面目な雇い人　24
八話　無鬼論（一）　27
九話　無鬼論（二）　30
十話　掠剰児　32
十一話　九子母堂の泥人形　35
十二話　花札をする男達　37
十三話　二つの鬼火　40
十四話　孫元弼の怨念　42
十五話　のっぺらぼう　46
十六話　王居貞　48
十七話　盧贊善の花嫁人形　50
十八話　蝋燭の天女　52
十九話　牡丹灯篭　56
二十話　郭知運　67
二十一話　虎皮　68
二十二話　三官神の霊験　71
二十三話　鬼妾　73
二十四話　陳生　74
二十五話　義虎　78
二十六話　旅籠の怪　80

二十七話　離れの女　83
二十八話　形見　87
二十九話　雨の夜　89
三十　話　賭鬼　92
三十一話　犬と行者　95
三十二話　三世の怨み　97
三十三話　廿二娘　99
三十四話　蚕　104
三十五話　死後の情欲　107
三十六話　死者の名簿　108
三十七話　生まれ変わって
怨みを晴らす（一）　111
三十八話　生まれ変わって
怨みを晴らす（二）　113
三十九話　十文字　115
四十　話　盂蘭盆会　118
四十一話　秦巨伯　120
四十二話　亡き息子　122
四十三話　阮瑜之と幽鬼　125
四十四話　身分　127
四十五話　赤子の運命　129
四十六話　僧侶と狐　131
四十七話　赤岡店の怪　134
四十八話　応報　136
四十九話　鼠　138
五十　話　娘の魂　140
五十一話　堕胎薬　141
五十二話　地獄めぐり　143
五十三話　線娘　146
五十四話　陳勲の復讐　150

五十五話　陳寨　152
五十六話　陳処士　154
五十七話　葉生の帰還　156
五十八話　爪　161
五十九話　泥人形の子供　163
六十　話　同穴　165
六十一話　鄂州の少将　168
六十二話　梵音　171
六十三話　碧瀾堂　174
六十四話　杜伯　177
六十五話　劉道錫　179
六十六話　くし　182
六十七話　徐氏の姉娘　184
六十八話　同名異姓　186
六十九話　髪を梳く女　188
七十　話　宋術士　190
七十一話　望み　192
七十二話　狼　193
七十三話　余杭の広　195
七十四話　冤鬼　198
七十五話　哥舒翰　199
七十六話　棺の中の手　202
七十七話　離れの怪　205
七十八話　吸血僵屍　207
七十九話　虎になった男　210
八十　話　口を吸う死体　212
八十一話　騾馬　213
八十二話　秦進忠の死　215
八十三話　訪ねてきた友人　216
八十四話　馬奉忠　217

八十五話　貧富の差　220
八十六話　竇氏　222
八十七話　墨縄　230
八十八話　身代わりを求める幽鬼　231
八十九話　陳徳遇　232
九十　話　呪い　234
九十一話　王僧侶　236
九十二話　小路の女　238
九十三話　楊羨と幽鬼　241
九十四話　明器の反乱　243
九十五話　黄衣の男　245
九十六話　虱　246
九十七話　離縁状　248
九十八話　魂の形　250
九十九話　目玉　252

用語一覧　253
あとがき　254

一話　寺の棺

宣和五年（一一二三）のことである。唐信道《とうしんどう》が試験を受けるために、会稽《かいけい》から銭塘《せんとう》（どちらも浙江省）に向かって旅をしていた。その途中、普済寺に泊まった。

寺の一番奥の空き部屋に、棺が安置してあった。家族が預けていったものだという。信道が棺を見せてほしいと頼むと、僧侶は、

「これは女性《にょしょう》の棺です。ふたが半開きになっていて、時折、棺の主が抜け出しては、生きた人間のもとへ忍んで行きます。一人であの部屋に入るのは危険です」

と言って止めた。信道は、

「秀才が幽鬼を恐れる道理などありましょうか？」

と笑って、止めるのも聞かず、一人で見に入った。棺の上には、

「某王宮幾県主之棺」

と記されていた。県主とあることから、皇族の娘の棺であることがわかった。また、その日付は四十年前のものであった。僧侶の言葉通り、半開きになったふたの間から、死体の顔が見えた。

年の頃は二十歳を少し過ぎたばかり、まるでつい今しがた化粧したばかりのようで、

生きている人間と少しも変わりがなかった。信道はぞっとして部屋を出た。

後に会稽に戻って、このことを呉材老《ございろう》に話した。すると、材老は、

「そんなこと驚くに足りないよ」

と言って、次のような話をしてくれた。

材老が余杭《よこう》（浙江省）のある寺に滞在していた時、僧房に皇族の娘の棺が安置されていた。娘は夜な夜な棺を抜け出しては、僧侶と酒を飲んだり、歌ったりし、やがて僧侶と情を通じるようになった。

このようなことが二年も続き、やがて娘の父親の耳に届いた。父親は死んでいるとはいえ娘のふるまいに腹を立て、死体を焼くことにした。

すると、娘が母親の夢に現われ、涙ながらに訴えた。

「私は不幸にも早死にしましたが、前世の縁であのお坊様と結ばれました。私のふしだらを、お父様、お母様が恥と思われることは重々承知です。しかし、私のお腹にはすでに子供が宿っております。もしこの子を産むことができなければ、私は未来永劫、あの世をさまよわなければなりません。どうかお願いです、あと三月だけ待って下さい。その後なら、焼いて構いません」

母親は泣きながら目を覚ました。父親はこのことを聞くと、怒って、

「死んだ身でありながら、あろうことか坊主などと乳繰り合いおって。その上、子供を産ませてくれだと？　どこまで親の顔に泥を塗れば気がすむのだ」

と、死体を焼く決心をますます固めた。

その夜、娘は母親やほかの家族の夢に現われ、さらに悲痛な様子で何度も訴えた。翌日、母親以下、一家を挙げて、父親に死体を焼くのを猶予するよう懇願した。父親は頑固な人だったので、ますますいきり立った。すぐに葬儀屋を呼ぶと、棺のふたを斧で破り、薪の上で火をかけさせた。

死体の腹はふくれていた。しばらくすると、腹が裂け、中に胎児の姿が見えた。胎児はすでに形を成していたという。


（宋『夷堅志』）

二話　銭湯の怪

金陵城《きんりょうじょう》（南京）の常府街に白石浴堂という銭湯があった。なかなか繁盛しており、朝から晩まで大勢が入浴するのだが、湯船の湯が濁ることはなかった。

うわさによれば、湯船に神がいるので湯が濁らないそうである。これもうわさであるが、この神は毎年、客を一人食らうとも言われていた。銭湯の主人はこのうわさを隠していたのだが、毎年一度、店を閉じる時、着物と履物《はきもの》が一人分残ることがあるのは事実であった。

ある晩、湯船に浸かっている時、客の一人がふと思い出したようにこの話をした。

「馬鹿らしい。そんなことあるかよ」

他の客達は笑って信じなかった。

その晩、店を閉じる時、着物と履物が一人分残されていた。持ち主は一体どこへ行ってしまったのだろうか。

（清『虫鳴漫録』）

三話　白骨怪

汝南《じょなん》（河南省）の人、周済川《しゅうせいせん》は揚州の西に別荘を所有していた。兄弟はいずれも学問好きで、この別荘で一緒に勉学にはげむのが常であった。

その夜もいつものように学問を終えて、夜中の三更（深夜十二時）頃、それぞれ部屋に下がって就寝した。済川が頭を枕に載せると、突然、窓の外から妙な音が聞こえた。カクカクと物のきしむような音で、いつまで経ってもやまない。済川が窓のすき間からのぞいてみると、子供の白骨が庭を駆け回っていた。白骨は腕をふりながら駆け回り、カクカクというのはその骨のきしむ音であった。

済川は兄弟を起こして、しばらくその様子を見守っていた。弟の巨川《きょせん》が追い払ってやろうと大声で怒鳴りつけた。すると、その声に応ずるように白骨は跳ねながら階段を登ってきた。もう一度怒鳴りつけると、部屋の中に入ってきた。三度目には、寝台に上がってこようとする。巨川が叱りつけると、白骨は言った。

「おっかあ、お乳をおくれよう」

巨川が拳で打ちかかると、白骨は寝台からピョンと飛び降りたが、またすぐに寝台に飛び上がってくる。その身軽なこと、まるで猿のようであった。

騒ぎを聞きつけた家人が手に刀や棒を持って集まってきた。白骨はそれを見回して、なおも言った。

「おっかあ、お乳をおくれよう」

家人が一撃すると、白骨は関節がはずれてバラバラに散らばった。しかし、すぐにまた集まって元通りになり、

「おっかあ、お乳をおくれよう」

と言う。このようなことが何度も繰り返されたが、家人は頭から袋をかけてようやく捕まえた。

「おっかあ、お乳をおくれよう」

袋の中からなおも白骨は言った。

城から四、五里（この時代の一里は約五六〇メートル）ほど離れたところにある古い枯れ井戸にその袋を投げ込んだ。

「おっかあ、お乳をおくれよう」

井戸の底から、白骨はなおも言い続けた。

その翌晩、白骨はまたもや姿を現わした。昨晩自分が押し込められた袋を手にぶら下げ、それを投げつけ、好き勝手に跳ね回った。家人が大勢で取り囲んで、昨晩のように袋ですっぽり覆った。今度は太い縄で縛り上げ、おもりとして大きな石を結びつけて川に放り込むことにした。

担いで運び出そうとすると、袋の中からこういう声が聞こえた。

「また、夕べのように客になりに来るからな」

果たして、数日後、またもや白骨は現われた。左手には自分が押し込められていた袋を、右手には断ち切られた縄を持っている。また庭中を駆け回るのであった。

家人はあらかじめ大木の中をくりぬいて、皮を張っていない太鼓のようなものを用意しておいた。白骨を捕らえると、その中に押し込め、上から大きな鉄のふたをかぶせ、厳重に釘で打ちつけた。さらに鉄の鎖で大石を結びつけ、揚子江に流すことにした。

担ぎ出そうとした時、中の白骨は、

「棺を用意してくれてありがとう」

と言った。

以来、子供の白骨は二度と姿を現わさなかった。この事件は貞元十七年（八〇一）に起きたといわれている。


（唐『広異記』）

四話　琵琶を弾く妖怪

呉の赤烏《せきう》三年（二四〇）のことである。句章《こうしょう》（浙江省）の楊度《ようたく》という人が、夜、馬車で出かけた。

途中、人気のない道端に琵琶を持った少年が一人立っており、馬車に乗せてくれと頼んできた。困った時はお互い様ということで、楊度はこころよく承諾した。馬車に乗り込むと、少年はお礼にと言って、琵琶を数十曲弾いて聴かせてくれた。なかなかの腕前で、楊度も気持ちよく聴いていた。曲が終わった途端、柔和だった少年の顔が鬼のようになり、眼をぎらつかせ、舌を吐いた。楊度が驚いているうちに、姿を消した。

恐ろしくなった楊度が一刻も早く人家のある所へ出ようと馬を飛ばして二十里（この時代の一里は約四三〇メートル）ほど行くと、今度は老人が道端に立っていた。今度も化物かもしれない、と疑った楊度が無視して通り過ぎようとすると、哀れそうな声を出して、

「怪しい者ではございません。疲れてもう歩けないのです。哀れな老いぼれと思し召してどうか乗せて下さい」

と言った。楊度もその老人の様子を見て哀れに思い、乗せてやることにした。老人は

再三礼を述べて、馬車に乗り込んだ。夜道を行く内にだんだんと打ち解けてきた。また、楊度も先ほどの衝撃が薄れて来たので、今しがたの自分の体験を老人に話して聞かせた。

「えっ？　妖怪ですと？」

老人は話を聞くなり震え上がった。楊度はこの人のよさそうな老人を脅かしてやろうと続けた。

「ええ、私はまだ若いからいいけど、あなたはお年を召してらっしゃるので、お気をつけなければ。こんな夜更けにあのような恐ろしい目に遭うと心の臓が止まるかもしれませんよ」

老人は慌てたように訊ねた。

「一体、どんな様子をしていました？　顔は？　是非、お聞かせ下さい」

「そやつは琵琶を弾くんですよ。そして……」

「琵琶ですか。琵琶なら私も……」

後ろから、ポロンと琵琶をかき鳴らす音が聞こえた。驚いた楊度が老人の方を向くと、そこには先ほどの妖怪が坐っていた。

「あっ！」

と叫んだ途端、楊度の目の前が暗くなった。


（六朝『捜神記』）

五話　白い手

唐の開元年間（七一三〜七四一）に薛矜《せっきょう》という男が長安の県尉に任じられた。彼の担当は宮市《きゅうし》（宮苑内に開かれる市）の管理で、一日おきに東西に設けられた宮市を巡回してまわった。

ある日、東の市場を見回りに行った薛矜は、市場の前に一台の婦人用の車が止まっているのを目にした。車の主の顔は見えなかったが、雪のように白い手がことのほか美しかった。

薛矜はその手の美しさに心をひかれ、早速、部下に銀細工の小箱を持たせてその車へ近づいた。部下が口上を述べて小箱をさし出すと、婦人は侍女を介してその値段を問うてきた。そこで、部下が、

「これは長安の薛少府からの贈り物です。お車の主からおたずねがあったら、そのままさし上げるよう申しつけられております」

と答えると、婦人はうれしそうに何度も礼の言葉を述べた。これをきっかけに、薛矜は近寄って二言三言打ち解けた言葉をかけた。近くまで来たのに、婦人の顔は帳《とばり》にへだてられて見えなかった。婦人は帳越しに、

「私は金光門外に住んでおります。どうぞ、お越しになって下さいませ」

と言った。薛羚は部下に命じて婦人の車を家まで送って行かせた。

翌日、薛羚は自ら婦人の家を訪ねることにした。不思議なことに、その邸の前にはおびただしい数の馬がおり、どうやら多くの来客があるようであった。どうしようかとためらっていると、客達は三々五々引き取っていった。そこで、部下に名刺を持たせて案内を乞うと、すぐに応対の者が迎えに出て応接間に通された。

薛羚が待っていると、奥から侍女が現われて、

「奥様は今、お支度の最中でございます」

と言って下がっていった。一人残された薛羚は今か今かと待ち続けた。

この後のことを思うと自然と顔がゆるんでくる。あれほど美しい手の持ち主と、近づきになれるなんてまるで夢のようだ。もしかして、夢なのかも？　いやいや、これは現実だ。ほら、その証拠にこうしてみると熱いではないか……。薛羚はそう自問自答しながら、明々と照らされた灯火に手を近づけた。

「冷たい」

灯火は熱くなかったのである。熱くないどころか氷のように冷たかった。途端に心臓をつかまれるような恐怖に襲われた。

「奥へどうぞ」

いきなり侍女に声をかけられ、薛羚は飛び上がりそうになった。何とか表面だけはと

りつくろって、侍女について母屋へ通った。

そこは一面に青い帳がめぐらされていた。奥に薄暗い灯りが一つともされているだけなのだが、不思議なことにその灯りはこちらが動くたびに遠くなったり、近くなったりするように見えた。薛衿はここが生きた人間の住処でないことを悟った。しかし、この期に及んでも、彼は婦人に会いたかった。あれだけ美しい手の持ち主の顔を見ないで帰られようか。せめて一目会ってから帰ろう。

だが、こわいことには変わりはなかったので、心の中で『千手観音呪』を唱えた。

「こちらです」

一室に通された。帳の中に婦人が薄絹を被って坐っていた。薛衿は薄絹に手をかけたのだが、なかなかはずれない。婦人はピクリとも動かず、白い手を膝に乗せたまま端座している。業を煮やした薛衿が力まかせにひっぱると、薄絹がはらりと落ちた。やれうれしや、のぞき込んで仰天した。

婦人の顔は長さ一尺（この時代の一尺は約三一センチ）あまりもあり、青黒かった。しかも、ワンワンと犬の吠えるような声を出した。薛衿はその場に昏倒した。

いつまで経っても出てこない主人を案じた従者が中に入ってみると、そこにはただ、殯宮《ひんきゅう》（棺を安置する仮の霊廟）があるだけで、邸など跡形もなかった。従者は薛衿が中にいると見当をつけると、壁をあちこち叩いてみた。一角が崩れ、中に薛衿が倒れていた。呼吸は止まっていたが、胸のあたりにほのかな温みが残っている。近くの旅館に担ぎ込んだところ、ようやく息を吹き返した。

薛矜は一月あまり経って、ようやく意識を取り戻したのであった。

（唐『広異記』）

六話　被害者の声

余なにがしは長らく顧問を務め、刑罰に関する案件を四十年あまりも扱ってきた。後に病床に臥せる身となり、重態に陥った。灯火の前や月明かりの下に、幽鬼の姿がぼんやりと見えるようになった。幽鬼は一人だけではなく、どれも怨みを含んだ様子で、余を見つめていた。

余はため息をついた。

「私は常に温厚を心がけてふるまってきた。誰一人として不当な死罪に落としたことはない。それなのに、どうして幽鬼が見えるのだろう」

ある晩、余の夢に血まみれの姿をした数人が現われてこう言った。

「あなたは残酷な処罰ばかりが怨みのもとになると思っておいでのようですね。実は温厚な処置も怨みのもとになるのです。あなたは殺された者がどんな思いをしているかご存じですか？　一人ぼっちのか弱い者が、いわれもなく悪党に斬りつけられて死ぬのです。その時に味わう恐ろしさや苦しさをあなたは想像したことがありますか？　死後の魂は寄る辺もなく、あの世で怨みを抱いて涙を流すばかり。ひたすら自分を殺した悪党が死刑になることを待ち望み、せめてもの怨みを晴らそうとするのです。それなのに、あなたは生きている者のことばかり考えて、死者の悲惨さを考えず、温情と称して罪人の命が助かるように書類を書いておられました。その結果、悪党が法の網を逃れることとなり、我々の怨みは解けないままになったのです。あなたが私どもと同じ目に遭っていたら、と考えたことはありますか？　罪も理由もなく殺されたら、あなたはどうなさいますか？　憎い犯人の裁判があると聞けば、あなたの魂は傍聴に行くでしょう。そして、取り調べに当たった人が手心を加えて、重傷を軽傷とし、不法を合法とし、故意を過失に書きかえて、憎む相手を釈放したらどうします。それでも平気ですか？　あなたはこの点を考えず、悪党を許すことが陰徳を積むことだと思っていらっしゃる。私どもがあなたを仇と怨むのも当然でしょう」

余はぞっとして目を覚ました。息子を呼んで、夢で見たことをすべて話して聞かせると、

「私がまちがっていた、私がまちがっていた」

と言いながら、自分の頰を打った。そして、息を引き取った。

（清『閲微草堂筆記』）

七話　真面目な雇い人

舒《じょ》州（安徽省）の燕五《えんご》は市場で煎餅を売っていた。

淳熙《じゅんき》十六年（一一八九）の四月のある日、曹一と名乗る男が燕五の家にやって来て、

「粉ひきでも何でもやるので、雇ってくれないか。食事と衣服さえもらえれば、ほかは何もいらない」

と言うので、燕五は雇うことにした。

曹一の働きぶりは真面目で、燕五の言うことをよく聞いた。ほかの仕事をやらせても、手を抜くということがない。燕五はよい雇い人が来たものだ、と喜んだ。

曹一が働くようになって四年が過ぎた。彼の働きぶりは相変わらず真面目で、燕五は満足であった。近所の人々も、皆、

「こんなに真面目な雇い人は見たことがない」

とほめそやした。

ある晩、燕五とその家族は激しく門を叩く音で目を覚ました。

「一体、こんな時間に誰だろう」

門の外から、十数人の男達がこう言うのが聞こえた。

「おれ達は四年も捜し続けて、ようやくお前を見つけた。さあ、今日こそ命をもらおうか」

曹一はこの言葉を聞くなり、真っ青になってガタガタと震え出した。そして、燕五に跪いて驚くべき告白をした。

「これ以上、私の犯した罪を隠し通すことはできません。実は四年前に、私は連州（広東省）を通りかかった時、十二人の旅の商人を見かけました。彼らは商いを終えて故郷に戻る途中で、嚢中《のうちゅう》にはたくさんの金がうなっておりました。私は茶の商人のふりをして彼らに近づき、同行することにしました。そして、誰もいない山の上で、薬を混ぜた茶を飲ませ、昏倒したすきに皆殺しにして金を奪い、北へ戻ってきたのです。奪った金は宿松《しゅくしょう》（安徽省）の石橋の下に埋めてあります。この金をすべてさし上げますから、お助け下さい」

この告白に燕五は仰天した。

「お前一人で十二人も殺しただと？　我が家は六人しかいない。そのうちほとんどが女子供だ。お前がこんなに恐ろしい男だとわかっていたら、雇いはしなかった。お前に怨みを抱く幽鬼達が門の前まで来ているんだぞ。今さら助けられるものか」

その時、外から声が聞こえた。

「燕五さん、あんたの言うとおりだ」

そして、門が自然に開き、十二人の幽鬼がどっと流れ込んできた。幽鬼達は曹一を引っつかむと闇の中へ消えた。

（宋『夷堅志』）

八話　無鬼論（一）

晋の人、阮瞻《げんせん》は現実主義者で日頃から無鬼論を主張していた。無鬼論とは幽鬼の存在を否定するものである。誰かが幽鬼のことを話題にしようものなら、お得意の無鬼論をふりかざして論破した。当時、阮瞻の無鬼論に反論できる者はなく、彼自身も自分の理論を完璧なものと思っていた。

ある日、この阮瞻のもとを訪ねてきた者があった。阮瞻が会ってみると弁舌爽やかで、理論は甚だ明快であった。そこで、客として丁重にもてなした。二人の議論は弾み、話題が幽鬼の存在に触れた。客人は言った。

「幽鬼は存在しますよ。霊魂というものは不滅で、肉体が滅んだ後も存在しうるものです。その霊魂が生前の姿をとったものが幽鬼ですよ」

この一言で客人に対する阮瞻の評価は一気に下がった。明らかに小馬鹿にした様子を見せて、鼻先でフフンと笑った。

「ほう、あなたは幽鬼が存在すると言うのですか」

「ええ。幽鬼を見た者はたくさんいますからね」

「確かにたくさんいます。しかしですね、不思議なことに幽鬼は皆、きちんと着物を着ておりますな。霊魂が幽鬼という形をとって現われるのなら、幽鬼のまとっている着物は、着物の幽鬼ということになる。着物にも霊魂なんてものがあるんですかね」

これには客人はぐうの音も出ず、悔しそうにうつむいてしまった。

「あなたの負けですね」

阮瞻は勝ち誇って言った。客人はうつむいたまま顔を上げようとしなかった。議論に夢中で気がつかなかったが、すっかり外は暗くなっていた。阮瞻は灯りに火をつけた。

しばらくの沈黙の後、客人は再び口を開いた。

「しかしですな、幽鬼のことは古より聖賢も認めていることではありませぬか。あなただけ、どうして幽鬼の存在を否定するのです」

その声音はくぐもり、人間の口から発せられたものとは思えなかった。どこからともなくひんやりとした空気が流れ込んできた。阮瞻は思わず、身震いした。風もないのに、灯りが大きく揺れた。客人の声はますますくぐもったものになった。

「最後に一つだけおたずねいたします」

灯火のせいだろうか。客人の影が揺らいで少し長くなったように見えた。

「あなたの無鬼論が正しいのなら……」

客人の目が爛々《らんらん》と光った。

「……ならば、この私の存在はどう説明するのですか?」

阮瞻の目の前で客人の体がふくれ上がった。そして、そのまま不定形の漆黒の塊になると、窓から外へ流れ出て行った。

「幽鬼だ……」

阮瞻は魂が抜けたように、その場にへたり込んだ。

一年あまりして阮瞻は病没した。


（六朝『捜神記』）

九話　無鬼論（二）

及孺愛《きゅうじゅあい》と張文甫《ちょうぶんぽ》はともに老いた儒者で、弟子を集めて学問を教えていた。

ある時、二人で村はずれの荒地を散策した。行き交う人の姿もなく、うっそうと生い茂る藪《やぶ》の中に土饅頭の姿がのぞいている。張文甫は背筋にぞくぞくするものを感じ、

「墓場には幽鬼が多いから、長居はよくない」

と言って引き返そうとした。そこへ一人の老人が杖をつきながらやって来た。老人は二人に向かって挨拶をすると、こう切り出した。

「この世に幽鬼がいるなどと本気でお思いなのですか？　阮瞻《げんせん》の無鬼論はご存知でしょう。お二方は儒者なのに、どうして僧侶の説くでたらめを信じるのです」

そして、老人は程子や朱子の陰陽の原理を説き明かしたのだが、非常に理路整然としていて、二人はひたすら感心するばかりで、論の展開のあまりのみごとさに、老人の名前をたずねることも忘れていた。

牛車の近づく音が聞こえてきた。「そろそろ行かなければ」

老人は衣をふるって立ち上がった。「泉下《せんか》（あの世）にある身は孤独でしてな。無鬼論でも披露しなければ、あなた方お二人をお引き止めすることはできなかったでしょう。

これにて失礼いたします。どうかあなた方を愚弄《ぐろう》したなどと思わないで下さりませ」
そう言って姿を消した。

（清『閲微草堂筆記』）

十話　掠剰児

広陵（江蘇省）の法雲寺に珉楚《びんそ》という僧侶がいた。中山（河北省）の商人の章と懇意《こんい》にしていた。章が亡くなると、珉楚は数ヶ月もの間、経を読んで菩提を弔った。

ある日、外出した楚は市場で死んだはずの章と出会った。章は珉楚を食堂へ連れて行って胡麻餅をおごってくれた。

珉楚が、

「君は死んだはずなのに、どうしてここにいるのかね？」

とたずねると、章はこう答えた。

「私は確かに死んだよ。生前、ちょっとした罪を犯したために生まれ変わることを許されなくてね、今では揚州の掠剰児《りゃくじょうじ》だよ」

「掠剰《りゃくじょう》とははじめて聞く言葉だけど、どういう意味かね？」

「たいていの売買で得られる利益にはね、一定の限度額が定められているんだよ。だけど、時々、暴利を貪る輩がいてね、これを掠剰と呼ぶんだ。私はこうして得た銭を見つけたら、取り上げて自分のものにすることを許されているんだ。私のように掠剰児として現世をさまよっている者はたくさんいるよ」

章は行き交う男女を指さして、

「あの男も、あの女も同業者だ」

と教えてくれた。二人の前を一人の僧侶が通り過ぎたのだが、章は、

「同業者だ。ちょっと話をしていこう」

と言って呼び止めた。しばらく話をしていたが、僧侶は珉楚に見向きもしなかった。

珉楚と章は連れ立って市場の南へ向かった。一人の女が花を売っていた。

「この女の売る花は幽鬼が買って行くんだ。生きた人間には何の役にも立たないからね」

章は女から数銭で花を買って、珉楚にくれた。

「この花を見て笑う人は幽鬼だよ」

しばらくして、珉楚と章は別れた。

花は紅色で、とても愛らしいのだが、ずっしりと重かった。夕暮れになって、珉楚は寺に帰ることにした。その途中、珉楚の手にある花を見て笑う者が何人もいた。珉楚は寺の北門まで来たところで考えた。

「幽鬼と行動をともにした上に、幽鬼の品物を手にして、よいことがあるはずがない」

花を溝に投げ捨ててから、寺に入った。

仲間の僧侶は珉楚の顔色が普通でないことに気づいた。

「気分が悪い」

珉楚が体の不調を訴えるので、急いで薬湯を飲ませたところ、しばらくして回復した。

珉楚は市場で見た不思議を話して聞かせた。皆で溝に捨てた花を見に行くと、死人の手に変わっていた。

（宋『稽神録』）

十一話　九子母堂の泥人形

仙井監超覚寺の九子母堂《きゅうしぼどう》は山頂にあった。黄という行者が毎日、山に登って香や灯明を捧げていた。

堂内にはいくつもの泥人形が並んでいた。その中に乳母の泥人形があった。豊かな乳房が着物の外に垂れ、なかなかに色っぽい。行者は堂に入るたびに、この乳房を撫で、

「生身でないのが惜しいなあ」

と残念がった。

いつものように行者が香を捧げに行くと、突然、泥人形の目が動いた。泥人形は台座から降り、行者の手を取って屏風の陰に入り、情を交わした。以来、行者は毎日のように泥人形と情を交わした。これが数ヶ月も続いた。

ついに行者は病にかかったのだが、それでも山に登ることをやめようとしない。不審に思った住持が後をつけると、山を半ばまで登ったところで女が笑いながら迎えに出てきた。行者と女は手を取り合って、山を登って行った。

翌日、住持はまたもや行者の後をつけた。昨日と同じように、女がやって来た。住持が杖で女を打つと、カン、と音を立てて倒れた。女は砕けた土くれとなった。その土く

れの中から、数ヶ月の胎児が見つかった。これを行者に持ち帰らせた。日に干して砕き、薬に混ぜて飲ませたところ、行者の病はいえた。

（宋『夷堅志』）

十二話　花札をする男達

江陰県《こういんけん》（江蘇省）に顧《こ》氏の旧宅がある。明末に一家全員が国に殉じて自決して以来百年近く封鎖されたままとなり、空き家となっていた。住む者はおろか、泊まる者さえなかった。

武生（武学の学生。武官の試験をめざして勉強する）の熊《ゆう》なにがしが胆力を恃《たの》んで友人と賭けをし、単身、顧氏の旧宅に乗り込み一夜を明かすことにした。

邸内には塵が数寸つもり、建物はすっかり荒れ果てていた。熊は奥庭へまっすぐに入ると、小楼に上がった。そこには寝台がまだ残されており、古びた帳《とばり》が風で揺れていた。月はぼうっとかすみ、庭に咲き乱れる花は芬々《ふんぷん》と匂い立った。熊は寝台に上がると、帳を垂らして眠った。

熊が目覚めたのは夜中のことであった。

奇怪なことに部屋には明々と灯りがともされ、鏡台や化粧箱が燦然《さんぜん》と輝いていた。その輝きの中に年の頃十六、七の美女の姿があった。美女は袖の短い上着を身に着け、まろやかな腕を露わにしていた。

美女は楼下に向かって呼びかけた。

「桂香、顔を洗う水を持ってきておくれ」

やがて侍女が盥《たらい》を捧げて上がってきた。美女が顔を洗い終えると、今度は老婆が髪飾りを持ってきた。美女は両手で自分の頭を取って机の上に降ろし、丹念に髪を梳いて髷《まげ》を結い上げた。そして簪《かんざし》を挿してから、頭を元通り首の上に載せた。老婆は言った。

「蕊珠《ずいしゅ》様、いつもよりおきれいですよ」

熊は胆もつぶれんばかりに驚き、大慌てで逃げ出した。

庭を出て母屋へ走ると、灯りがついている。座敷には卓が並べられ、十人余りの男達が花札で遊んでいた。

人に会って熊はほっとした。座敷に上がって挨拶をすると、男達も挨拶を返してきた。

「いやはや驚きました。奥庭の小楼で寝ていると、女が現われたのです。はじめは普通の人かと思っていたら、何と自分の頭を下ろして髪を梳きはじめるじゃありませんか。あまりに恐ろしくて逃げ出してきたのです。もし逃げなかったらどんな目に遭わされていたことやら」

熊が一気にまくしたてると、男達は顔を見合わせて笑った。

「そんなに驚くことですかね。ほら、ごらんなさい」

そう言うなり、男達は一斉に自分の頭をはずした。声は腹から聞こえてきた。熊は恐怖のあまり失神した。

翌朝、様子を見に来た友人が失神した熊を見つけた。熊は友人の介抱で息を吹き返し、昨夜見た怪異を物語った。

（清『柳崖外編』）

十三話　二つの鬼火

東台（江蘇省）県の某鎮に、兄と暮らす娘がいた。兄は商いでしばしば家を空け、その留守中に隣家の息子が娘に心を寄せた。二人は逢瀬を重ね、将来を誓い合った。

ある日、隣家の息子が娘の部屋にいるところへ、前触れもなく兄が帰ってきた。兄は隣家の息子を追い回したが、取り逃がした。兄は娘をなじり、手ひどい折檻《せっかん》を加えた。娘は耐え切れず、夜中に首を吊って死んだ。

隣家の息子は娘の死を知ると、泣き続けて食事も摂らなかった。そして、翌朝早くに出かけて、いつまで経っても戻らない。心配した父親が辺りを捜して、河で死んでいる息子を見つけた。

父親は娘の兄を訪ねて、

「うちの息子とあんたの妹は心から好き合っていた。二人を夫婦として一緒に葬ってもらえまいか」

と頼んだ。ところが、兄は承知しないばかりか、

「あんたが息子をちゃんと監督しなかったせいで、家名に泥を塗られた。あんたの息子とうちの妹のことは、近所の誰もが知っている。ふしだらをしたあげくに、同じ墓に眠

らせろだと？　これ以上、笑い者になってたまるか」

と散々に罵った。

兄は隣家の息子の葬儀が終わるのを待って、河の東に妹を葬った。二つの墓は半里（この時代の一里は約五八〇メートル）あまりも離れていた。

数日後の夕暮れ、墓の近くを通る人が隣家の息子の墓から青白くちろちろと燃える鬼火が出てくるのを見た。娘の墓からも鬼火が現われた。二つの鬼火はふわふわと近づいていき、戯れるようにもつれ合った。しばらくの間、上になったり下になったりしながら、追いかけ合っていたが、やがて一緒に娘の墓の中に消えた。また、息子の墓へ入っていくこともあった。

三十年あまりして、鬼火は現われなくなったという。


（清『金壺七墨』）

十四話　孫元弼の怨念

晋の時のことである。富陽県（浙江省）の知事王範《おうはん》に桃英《とうえい》という妾がいた。たいそう美しく、ふしだらで、王範の部下の丁豊《ていほう》、史華期《しかき》と密通していた。

ある日、王範が所用で出かけたまま帰らなかった。執事の孫元弼《そんげんぴつ》が丁豊の部屋の前を通ると、環珮《かんぱい》（腰に下げる玉）のふれ合う音が聞こえてきた。孫元弼が不審に思って中をのぞくと、寝台の上で丁豊と桃英が抱き合っていた。孫元弼が扉を叩いてせき払いをすると、桃英はあわてて起き上がり、裙子《スカート》を直して乱れた髪を整えた。そして、履《くつ》をつっかけて奥へ戻って行った。

しばらくして、孫元弼は史華期が桃英の愛用する麝香《じゃこう》を身につけているのを見た。孫元弼はまたせき払いをして、史華期のそばを通り過ぎた。

丁豊と史華期は、孫元弼が王範に自分達のことを密告するのではないかと恐れた。二人は共謀して、王範に孫元弼が桃英と密通していると告げた。王範が、

「くそ真面目な孫元弼にそんな大それたことができるか」

と疑うと、陳超《ちんちょう》という者が横から、

「そのことなら、私も存じております」

と口をはさんだ。王範は陳超の言葉を信じて、孫元弼を殺した。

やがて王範は任期が満ちて都に戻り、陳超も少し遅れてその後を追った。途中、赤亭山のふもとを通りかかった時、雷雨に見舞われた。雨を避けているうちに日が暮れた。進むことも戻ることもできないまま難儀していると、いきなり誰かに体を抱え上げられて、引きずるように沼のほとりに連れて行かれた。

「誰だ?」

陳超は闇をすかして相手の姿を見きわめようとした。その時、空に稲妻が走って、青黒い顔に瞳のない目を持つ恐ろしい姿を照らし出した。

「私は孫元弼だ」

恐ろしい姿をした者はそう名乗った。

「天に訴えたところ、私が無実の罪で殺されたことをお認め下さった。それで、ここでお前をずっと待っていたのだ。やっと会うことができたな」

そう言って、孫元弼の亡霊は瞳のない目をうれしそうに細めた。陳超は恐ろしくなって、土下座して額を地面に打ちつけて謝った。

「すまない、すまない、許してくれ」

陳超の額から血が流れた。孫元弼は、

「お前達のうそを信じて私を殺したのは王範だ。王範から先に殺してやる。丁豊と史華期の名前もすでに冥府の名簿に載っている。桃英の魂も第三地獄で責め苦を受けているところだ。皆、苦しみ抜いて死ぬがいい」

と言って、ククックッと笑った。やがて夜が明け、孫元弼の姿は見えなくなった。

陳超は都への旅路を急いだ。孫元弼の亡霊が追いかけてくるような気がしたのであった。都に到着した陳超は、王範の邸を訪ねた。陳超が王範と面会しているところへ孫元弼の亡霊が入ってきた。孫元弼は二人に近づいてきたが、王範にはその姿が見えないようであった。孫元弼の亡霊は二人の横を通り過ぎて、王範の寝室へ入っていった。陳超はあまりの恐ろしさに、王範に何も言わないまま辞去した。

その日、王範には何も変わったことは起きなかった。ところが、夜になって眠りにつくなり、突然、苦しみ出した。家人が呼びかけても返事はなく、ただうなされるばかりである。家人が黒い牛を王範の枕元に牽いてきたり、左手に桃の木で作った人形をつないだり、と考えられる限りの魔除けをしたところ、明け方近くになってようやく意識を取り戻した。王範は十日ばかりの間、苦しんだあげくに死んだ。桃英もその後を追うように死んだ。

陳超は王範の邸で孫元弼の亡霊を見て以来、二度とその邸を訪ねなかった。桃英に続いて丁豊と史華期が原因不明の病で死んだことを知ると、陳超は長干寺《ちょうかん》へ逃げ込んだ。名を何規《かき》と改め、寺から一歩も出なかった。

五年後の三月三日に、陳超ははじめて寺の外へ出た。あれ以来、孫元弼の亡霊は一度

も現われなかった。陳超はすっかり安心して水のほとりで酒を飲んでしたたかに酔った。陳超は酔った勢いで、

「孫元弼など、こわくはないぞ」

と言って、水辺から身を乗り出した。すると、水面から孫元弼がぬっと現われた。孫元弼は笑って、陳超の鼻を殴った。陳超は一升あまりも鼻血を流して、数日後に死んだ。

（六朝『還冤志』）

十五話　のっぺらぼう

北京西安門内の西十庫には兵士達の宿直所がある。

その晩、兵士のなにがしも同僚十余人とともに宿直をしていた。特にすることもないので、酒を持ち込んで酌み交わすうち、かなり酔いが回った。

二更（夜十時頃）を過ぎた頃、なにがしは小用を足しに立った。宿直所の傍らには長い横筋があるのだが、月明りの下、そこにうずくまる人影がぼんやりと見えた。それは紅い衣の婦人で、塀の下にしゃがみこんで小用を足しているようである。なにがしは相当酔っており、悪さをしてやろうと思い、婦人の背後にそっと近づいていきなり抱きついた。その途端、婦人がくるりとふり向いた。

婦人の顔はのっぺりと真っ白で、目も鼻も口もなく、まるで豆腐のようであった。なにがしは仰天して気絶した。

同僚達はなにがしが小用に出たままなかなか戻ってこないのを心配して、様子を見に出た。すると、なにがしが塀の下で気を失って倒れている。宿直所に担ぎ込んで介抱したところ、しばらくして意識を取り戻して、自分の体験を話したのであった。

（清『夜譚随録』）

十六話　王居貞

王居貞《おうきょてい》は試験に落第したので、郷里の洛州潁陽《えいよう》県（河南省）に帰ることにした。長安を出てすぐに一人の道士と知り合い、同行した。不思議なことに道士は一日中、何も食べない。理由をたずねると、

「咽気《いんき》（霞を吸うこと）の術を会得《えとく》しておりますので」

と言うだけで、それ以上、説明しようとはしなかった。

しばらく旅を続けるうちに居貞は道士の奇妙なふるまいに気づいた。毎晩、居貞が寝てしまうと、道士は灯りを消して嚢《ふくろ》から一枚の皮を取り出し、それを着込んで外へ出かけ、五更（朝四時頃）に戻ってくるのであった。

ある晩、居貞は眠ったふりをして、道士から嚢を奪い取った。嚢の中には縞模様も鮮やかな虎の皮が入っていた。道士は土下座して懇願した。

「後生ですから、返して下さい」

「わけを話してくれれば、返してあげよう」

「私は人間ではありません。夜になると、その虎の皮を着て村へ食べものを探しに出かけるのです。虎の皮を着ると、一晩で五百里（この時代の一里は約五六〇メートル）走

ることができます」

居貞は久しく家を離れていたので、一日、家の様子を見たいと思った。

「この虎の皮は私にも着られるだろうか」

「着られますよ」

家まではまだ百里あまりあったが、虎の皮を着れば、一晩で往復できる距離であった。居貞は道士から虎の皮を借りると、それを着込んで郷里に向かって走った。

懐かしい我が家に帰り着いたのは真夜中であった。門が閉まっており、中に入ることはできなかった。一匹の豚が門の外に立っていたので、捕らえて食べた。しばらく家の周りをウロウロしてから、戻って道士に虎の皮を返した。

数日後、家に戻った居貞は、二番目の息子が夜中に外へ出て虎に食われたことを知らされた。いつかとたずねれば、彼が虎の皮を着て家の様子を見に戻った日であった。

それから一、二日の間、居貞は妙に腹が苦しくて何も食べられなかった。

（唐『伝奇』）

十七話　盧贊善の花嫁人形

盧贊善《ろさんぜん》の家に陶器の花嫁人形があった。どこで手に入れたのかは忘れたが、もう何年も前からこの家にあった。

ある時、妻がこの人形を指さし、ふざけて言った。

「この子はずいぶんと器量よしですこと。あなたのお妾さんになさったら」

それ以来、盧贊善が寝台に身を横たえると、どこからか愛らしい女が現われ、体を重ねてきた。その顔には見覚えがあるのだが、どうしても思い出せなかった。女の訪れは毎晩続いたので、盧贊善はすっかり疲れ果てて気の抜けたようになってしまった。

ようやく陶器の人形が祟りをなしていることに気づき、寺に寄進して供養してもらうことにした。以来、盧家では怪異がふっつりとやんだ。

ある朝、寺の小僧が本堂の掃除をしていると、一人の女が現われた。小僧がどこから来たのかとたずねると、

「あたしは盧贊善様のお妾さんなんだけど、奥様に嫉妬されてここに追い払われたのよ」

と答えた。

後に盧家の人が寺に詣でに来た時、この妾のことを耳にした。盧贊善が詳しく調べて

みると、その姿かたちは例の陶器の人形と同じであった。

盧賛善の命で人形は砕かれた。ちょうど心臓のあたりに鶏の卵くらいの大きさの血の塊があった。

（唐『広異記』）

十八話　蝋燭の天女

経行寺《きょうぎょうじ》に行蘊《こううん》という僧侶がいた。行蘊は寺中の僧侶の頭領を務めていた。

ある年の初秋、寺では盂蘭盆会《うらぼんえ》の準備のために仏殿を掃き清めて仏具を並べ、さまざまな飾りつけを施した。

監督に当たっていた行蘊は、仏前に供えられた蝋細工の天女像に目を止めた。天女は手で蓮華を捧げてニッコリ微笑んでいた。その紅い唇は今にもはじけて、笑い声がこぼれ出そうであった。まことにみごとなできばえで、その艶麗《えんれい》さは生身の美女にもまさるものと思えた。

行蘊は天女像を指さして笑った。

「まことこの世にこれほどの美女がいるならば、拙僧は喜んで妻に迎えましょうぞ」

その夜中、行蘊の僧房の扉を叩く者があった。

「蓮華娘子《れんげじょうし》がまいりましたわ」

行蘊はいぶかしんだ。

「お上の取り締まりが厳しいのはご存知でしょう。すでに門は閉まっているのに、どうやってここまで入ってこられたのです？」

　行蘊が扉を開けると、夜目にも艶やかな美女が腰元を連れてたたずんでいた。美女は言った。

「私は多くの善果を積み、あと少しで悟りを開くところまでまいりました。それが今日、あなたのお言葉を聞いた途端、心に俗世へのあこがれが生じ、人界へ落とされてしまいました。あなたのお側に置いていただくつもりで、こうして訪ねてまいりましたのよ。まさか、昼間のことをお忘れになられたのでしょうか?」

「拙僧は蒙昧無知《もうまいむち》ではありますが、出家の戒律はよく存じております。一体、どこでお会いしたのでしょう? 拙僧にはとんと覚えがござらぬが。もしかして拙僧をからかっておいでなのではありますまいか?」

　美女は身もだえして嘆いた。

「ああ、情けなや。師傅《しふ》は仏殿で私をごらんになったではありませんか。その時、私のような美女を妻にしたい、とおっしゃったこともお忘れなのですか。そのお心に私は感動して身を託しにまいりましたのに」

　そう言って袂《たもと》から蝋細工の天女像を取り出した。行蘊はようやく美女の正体が人間ではないことを知った。

　あまりに突然のことに行蘊がぼう然としていると、美女は腰元を連れて僧房に入ってきた。

「露仙《ろせん》や、床を延べておくれ」

露仙と呼ばれた腰元は手際よく行蘊の僧房に帳をめぐらし、褥《しとね》を敷いた。いずれも行蘊が今まで目にしたこともない華麗な品であった。

行蘊は戒律を破ることが恐ろしくもあったが、すでに女の美貌に心を奪われていた。しばらくためらってから、こう言った。

「拙僧もできることならあなたと行く末を誓いたい。しかし、出家の戒律がありますから、あなたをここに置くことはできません。ああ、どうすればよいのでしょう」

美女は笑って言った。

「私は天女ですよ。どうして俗界の戒律などに縛られなければならないのです。それほどご心配なら、あなたにご迷惑のかからないようにしましょう」

美女は恐れかしこまる行蘊の手を取って帳の中に導き、優しく抱きしめた。行蘊は震えながら美女に身を委ね、灯りが吹き消された。

僧房は薄い壁一枚で仕切られているだけなので、すべて隣の僧房に筒抜けであった。行蘊の僧房を美女が訪れたことを知った小坊主達は好奇心にかられて壁に耳をつけ、盗み聞きをした。

突然、行蘊の悲鳴が聞こえ、バタバタと駆け回る足音が続いた。続いて争うような音が聞こえた。小坊主達は灯りを手に行蘊の僧房に駆けつけた。しかし、扉は中から固く閉じられており、開けることができない。中ではまだ激しく争っているようであった。うなり声、引き裂く音、かじる音、そして噛み砕き、飲み込む音が続いた。

やがて、低い声でこう言うのが聞こえた。

「このくされ坊主め。出家の身でありながら、どうして邪念を起こすのだ？　たとえあたしが人間の女でも、お前のような奴の女房になるのはごめんだよ」

小坊主達は震え上がって僧侶達を呼びに走った。僧侶達が駆けつけ、手斧で壁を破ると、僧房の中には二匹の女夜叉がいた。その牙はのこぎりのようで、針金のような髪が逆立っていた。身の丈は見上げるばかりで、真っ赤な口を開いて一声咆《ほ》えると、牙をむき、爪で威嚇《いかく》しながら外へ飛び出した。

僧房に行蘊の姿はなく、血だまりが残されているだけであった。

翌朝、僧侶達が仏堂に行くと、仏前で蝋細工の天女像がニッコリ微笑んでいた。傍らの壁には二匹の女夜叉が描かれ、その口元にはベットリと血がついていた。


（唐『河東記』）

十九話　牡丹灯篭

明州（浙江省）では毎年正月十五日の元宵節《げんしょう》になると、五夜にわたって灯篭祭りが催される。この時ばかりは無礼講で、城内の士女はこぞって見物にくり出すのであった。

元の至正二十年（一三六〇）の元宵節のことである。喬生《きょうせい》という人が、鎮明嶺《ちんめいれい》の下に住んでいた。妻を亡くしたばかりで、やもめ暮らしの寂しさに出かける気にもなれず、門にもたれてぼんやりと道行く人を眺めていた。三更（夜十二時頃）も過ぎると、さすがに人通りもまれになった。そろそろ寝に就こうかと思っているところへ、道の向こうからふわりふわりと光るものが近づいてくる。それは牡丹を二つ連ねた灯籠であった。灯籠を提げているのは小間使いで、女主人を先導していた。

月明かりに照らされた女主人は年の頃、十七、八歳の麗人で、初々しい美しさはまるで開き初めた牡丹のよう。紅い裙子《スカート》に翠の袖を垂らし、しとやかに西へ向かって歩き去った。

麗人の美しさにすっかり心を奪われてしまった喬生、我知らずその後についていった。先に立ったり、後になったりして、ふらふらと数十歩ほど行ったところで、突然、麗人が喬生に微笑みかけてきた。

「はじめからお約束をしたわけでもないのに、こうして月の下でお会いしたのも何かのご縁ではないかしら？」

喬生、あわてて麗人の前に進み出て一礼した。

「僕の家はすぐ近くです。おみ足をお運び願えませんか」

麗人は艶やかに笑って小間使いに命じた。

「金蓮、灯りを持っておいで。こちらの足元を照らしてさし上げるのですよ」

喬生が闇にまぎれてそっと手を握ると、麗人の方でも柔らかく握り返してきた。喬生、天にも舞い上がりそうな心地で、家路を急いだのであった。

家に入ると、喬生と麗人は寝台にもつれるように倒れ込み、歓楽の一時を過ごした。麗人は纏綿《てんめん》とした情のくさぐさを見せ、喬生の心をとろけさせた。

喬生が麗人に住まいや名前をたずねると、「姓は符、字《あざな》は麗卿《れいけい》、名を淑芳《しゅくほう》と申します。父は奉化《ほうか》州（浙江省）の州判をしておりましたが、父が亡くなってから家は落ちぶれてしまいました。兄弟も身寄りもないので、この金蓮と湖の西にかり住まいをしております」

と言って、はらはらと涙を落とした。その凄艶《せいえん》な姿に喬生は心をかき立てられ、帳を下ろして柔らかな体を抱き寄せた。

気がつけば東の空が白みかけていた。麗卿と金蓮はかり住まいへと帰って行ったが、夜になると、また現われた。

こうして半月あまりが過ぎ、喬生は青白くやせていった。喬生の異変に気づいたのは、隣家の老人であった。元宵節以来、夜毎やもめ暮らしの喬生の家から睦言《むつごと》が聞こえてくるので、誰か通って来る人でもできたのかと思った。しかし、日に日にやつれていく喬生の姿に、疑念を抱かざるを得なかった。

その夜も喬生の家からなまめかしい睦言が聞こえてきた。老人は壁に近づくと、穴を開けてのぞき見た。

「ヒェッ！」

老人は腰を抜かしそうになった。ほの暗い灯火の下で喬生がかき抱いているのは、化粧を施した一体の髑髏であった。喬生がその耳もとで甘い言葉をささやくと、髑髏はぽっかりと開いた眼窩で恋しい人をじっと見つめ返す。老人はあまりの恐ろしさにはうようように逃げ帰り、蒲団をひっかぶってまんじりともせず夜明けを待った。

翌朝、老人は喬生の扉を叩いた。喬生はなかなか出てこない。何度も何度も叩いたところ、ようやく姿を現わした。喬生はげっそりとやつれていた。

老人が昨夜のことを問いつめても、喬生は口をつぐんで話そうとしない。老人はいら立った。

「お前さんは、とんでもない災いに見舞われておりますぞ。一つ一つ説明しないと、わからんようじゃな。そもそも人間というものは純粋な陽気に属したもので、幽鬼はその逆、穢《けが》れた陰気に属するものですぞ。お気づきでないようじゃが、お前さんが毎夜抱いている相手は生きた美人なんかじゃない、正真正銘の幽鬼じゃ。こんなことを続けていたら、そのうち精気が尽きて幽鬼どもの仲間入りをするのも、さして遠くはないじゃろう。あたらその若さで自ら冥土へ出向こうとは、何と因果なことじゃ」

さすがの喬生もこうまで言われては恐ろしくなった。そこで、麗卿とのことを包み隠さず打ち明けた。

「その女が湖の西にかり住まいしていると言うのなら、まずはそこへ行ってみなされ。きっと何かわかるじゃろうて。くれぐれも明るいうちに行くのですぞ」

喬生は早速、月湖《げっこ》の西岸へ赴いた。あちこちたずね歩いたが、麗卿主従のことを知る者はいなかった。

日暮れも近くなり、喬生は湖の中洲にある湖心寺で一休みすることにした。寺の中をそぞろ歩くうちに、西の廊下の突き当たりに小部屋を見つけた。中は暗くて人気はなく、棺が一つ安置してあるだけであった。上に白い紙が貼ってあり、こう書いてあった。

「故奉化符州判女麗卿之棺（もと奉化州の符州判の娘麗卿の棺）」

棺の前には牡丹灯籠がかけてあり、その下にはあの世で死者に仕えさせるために供えられたものであろうか、小間使いの人形がちょこんと立っていた。その背中には「金蓮」と書いてあった。喬生は髪の毛の逆立つ思いがした。

どうやって家まで戻ったのか、気がつけば喬生は蒲団をかぶって震えていた。もうすぐ麗卿と金蓮が訪ねて来る時刻である。正体を知った今、麗卿の艶やかな姿はいとわしいものにしか感じられなかった。

喬生は隣の老人の家の扉を叩いた。

「助けて、助けて下さい」

老人が扉を開くと、喬生が待ちかねたように転がり込んだ。事情を話して老人の家に泊めてもらうことにした。扉のすき間からのぞくと、牡丹灯籠がふわりふわりと喬生の家の周りを回るのが見えた。

喬生はすっかりおびえてしまい、老人にしがみついて一晩中、震えていた。老人が、

「玄妙観の魏法師は開祖の王真人《おうしんじん》の直弟子じゃ。そのお書きになる護符は当代第一の効き目があるという。お前さん、ひとつそこへ行ってみたらどうかね」

と教えてくれたので、喬生は明るくなるのを待って玄妙観へ出かけて行った。

魏法師は喬生の姿を見るなり驚いた。

「君の体からは濃い妖気が漂っている。一体、どうしたのかね？」

喬生はその前にひれ伏して一部始終を打ち明けた。

「法師様、私をお助け下さい」

魏法師は朱で護符を二枚したためると、喬生に授けてこう戒めた。

「一枚を門に、もう一枚を寝台に貼るのだ。何があっても寝台を離れてはなりませぬぞ。また、二度と湖心寺へ近づかぬように」

喬生はありがたく護符をおしいただいて帰ると、門と寝台に護符を貼りつけた。

その夜、いつもの時刻になると、牡丹灯籠が現われた。

「喬様、喬様……麗卿でございます。どうか中へ入れて下さいませ……」

なまめかしい麗卿の声が哀願した。しかし、喬生は耳をふさいで聞かぬふりをした。

明りはしばらく家の周りを回っていたが、やがてあきらめたように去って行った。

以来、麗卿と金蓮は来なくなった。


一月あまりが過ぎた。喬生は袞繍橋《こんしゅうきょう》に友人を訪ねた。引き留められるままに盃を重ね、したたかに酔って帰途についた。知らず知らずのうちに、その足は湖心寺へ向いていた。魏法師にあれほど戒められていたにも関わらずである。酒で頭が鈍ったからなのか、あるいは何か見えない力が働いたからなのかはわからない。とにかく喬生の足は引き寄せられるように湖心寺へと向かっていた。

寺の前を通りかかると、門口に金蓮が立っていた。

「お嬢様はずっとお待ちですのよ。何て薄情なお方でしょう」

そう言って喬生の腕をつかんだ。

喬生は金蓮に引きずられるまま、西の廊下の小部屋へ連れて行かれた。部屋の中には麗卿が艶やかな姿で喬生を待っていた。麗卿は喬生の不実をなじった。

「何てつれないお方なの。私とあなたは元々縁もゆかりもない間柄。たまたま灯籠祭りで出逢っただけの私に、あなたはお情けをかけて下さいました。私もあなたのお情けに感じ入り、身も心も捧げたではありませんか。夜から朝まで情の限りを尽くしたのに、あなたはいかがわしい道士にあることないこと吹き込まれ、やすやすとお信じになってしまわれた。この私を捨てようとなされた。ひどいお方。それなのに、私はあなたのことを嫌いになれない。あなたの薄情を心底怨むことができれば、どんなにか楽でしょう。ここまでつれなくされながら、あなたのことを嫌いになれない私の心が怨めしい」

麗卿は喬生の手を取ると、棺に近づいた。棺のふたが音もなく開いた。麗卿は棺に入り、喬生の体を抱き寄せた。

「ああ、愛しいお方、私の命。来て下さるのをずっとお待ち申しておりました。ほら、こうしてしっかり抱きしめて、もう二度と離れますまい……」

麗卿は喬生を抱きしめて棺に横たわった。喬生は薄れ行く意識の中で、麗卿の柔らかな腕が首に回るのを感じた。背後で棺のふたが静かに閉じた。

隣家の老人は喬生が出かけたまま戻って来ないので、心配になりあちこち尋ね回った。もしやと思って湖心寺へ来てみると、麗卿の棺のふたのすき間から喬生の着物の裾がはみ出ている。僧侶に頼んでふたを開けてみれば、喬生が髑髏と重なるように息絶えていた。髑髏の骨ばかりの両腕はしっかり喬生の首に回されていた。

「これは奉化州の州判だった符様のご令嬢です。十七歳で亡くなられ、棺をここに預けてご一家はよそへ移られたのですが、ふっつりと音信が絶えてしまいました。もう十二年になりますでしょうか。まさか、このようなことになっていようとは……」

僧侶はそう言ってため息をついた。そして、喬生と麗卿の屍を寺の西門の外に葬った。

不思議なことが起こるようになったのは、それからのことである。曇った昼間や、月の暗い夜などに、喬生と麗卿が手を取り合い、牡丹灯籠を提げた小間使いを先に立てて歩く姿が見られるようになった。これに出逢った者は必ず得体の知れない病にかかり、高熱を発し、寒気に震えるのであった。ただ、手厚く法要を営み、供え物を捧げて祀れば治るのだが、さもなければ死に到った。

近辺の住民は大いに恐れ、玄妙観に魏法師を訪ねて助けを求めた。魏法師は言った。

「私の護符は災いを未然に防ぐことができるだけで、すでに起きてしまったことには効き目がないのだ。聞くところによれば、四明山の頂におられる鉄冠道人《てっかんどうじん》は、鬼神を調伏《ちょうぶく》する法術に長けておられるそうだ。そこへ行って頼んでみなさい」

住民は皆で四明山へ鉄冠道人を訪ねることにした。藤や葛《かずら》にすがり、谷を越え、川を渡り、山奥深く分け入った。ようやく山頂までたどりつくと、果たして小さな草庵があった。老人が机に寄りかかり、童子が鶴を調教するのを眺めていた。この老人こそ鉄冠道人であった。皆はいっせいに鉄冠道人の前にひれ伏すと、事情を話して懇願した。

「お道人様、私どもの災いを除いて下さいませ」

鉄冠道人は煩わしそうに、

「わしは俗世と縁を切った隠者だ。しかも、いつお迎えが来てもおかしくない老いぼれだ。鬼神を調伏する力など持ち合わせておらぬわ。お前さん方、何か思い違いをしておられるのではないか」

と言って背を向けてしまった。その背中に向かって、皆がなおも、

「いいえ、そんなはずありません。玄妙観の魏法師様からお道人様のことを教えていただきました」

と言いつのると、道人も仕方がないという表情を見せた。

「あのおしゃべりめ、この老いぼれを引っ張り出そうというのか。六十年この方、一度も山を下りずにすんだのに、面倒なことを押し付けおって」

と、渋々ながら腰を上げた。童子を連れて山を下りたのだが、その足取りの軽いこと軽いこと、まるで坂道を駆け下りるよう。あっという間に喬生と麗卿の墓の前に着いた。すると、鉄冠道人はそこに方丈の壇を築いて端坐し、護符に何やら書きつけて火にくべた。すると、黄色い頭巾をかぶり、ぬいとりした上衣に黄金の甲冑をつけた男が数人現われた。いずれも身のたけ一丈（この時代の一丈は約三・一メートル）あまり、手には彫り物をした矛を持ち、並々ならぬ威厳に満ちていた。

男達は緊張した面持ちで壇の下にかしこまり、鉄冠道人の沙汰《さた》を待った。鉄冠道人が、

「近頃、この辺りで幽鬼が災いをなしていると聞く。早々に召し取ってまいれ」

と命じると、男達は、

「はっ！」

と、返事をして姿を消した。

間もなく喬生と麗卿、金蓮の三人に首かせをかけ、引き立ててきた。

「こらしめよ」

鉄冠道人の命で、三人は散々に打ちすえられた。三人は血まみれになって泣き叫んだ。しばらく責めさいなんだ後、鉄冠道人は三人から供述を取った。まずは喬生の供述。

「妻を亡くした寂しさから、通りがかりの女に心を奪われ、相手の正体もわきまえず、溺れたあげくに己が身を滅ぼしました。今さら悔いてもどうしようもありません」

続いて麗卿が供述した。

「私は若い身空でこの世を去りました。恋も知らずに死んだのです。体は朽ち果てても私の魂は滅びず、運命の相手を求めてこの世をさまよいました。そして、あの灯籠祭りの夜、喬生様と巡り会い、あのようなことをしでかしてしまいました。でも、私はただ愛しい殿御と離れたくなかっただけなのです。愛しい殿御を思う気持ちが罪なのでしょうか」

麗卿はなおも抗議しようとしたが、鉄冠道人ににらみつけられて言葉を収めた。

「……死者の身でありながら、この世にさまよい出た罪、逃れようもありません」

最後に金蓮が供述した。

「私はもともとは竹の骨に絹を張った、墓に供える人形でございます。誰が造ったのかも存じませんが、姿かたちは人間そっくり、大きさが違うだけです。名前までつけられ、いつの間にか魂が備わり、人間の小間使いのまねごとをするようになりました。私がしたことはそれだけでございます」

そう言いながら金蓮の体は縮んでいき、人形に戻ってしまった。

鉄冠道人は判決を下した。

「牡丹灯籠を焼き捨て、この三人を永遠に地獄へ落とせ。急急如律令《きゅうきゅうにょりつりょう》」

三人は泣く泣く地獄へ送られた。鉄冠道人はそのまま四明山へ戻った。

翌日、皆で鉄冠道人に礼を述べに四明山に登ると、草庵はもぬけの殻であった。そのわけを問いに玄妙観へ訪ねてみれば、魏法師は口が利けなくなっていた。

（明『剪灯新話』）

二十話　郭知運

唐の開元年間（七一三～七四一）のことである。涼州《りょうしゅう》（甘粛省）節度使の郭知運《かくちうん》が巡察中に百里（この時代の一里は約五六〇メートル）ほど離れた宿駅で急死した。

この時、知運の魂は体から離れて行動していた。宿駅の長が遺骸のある部屋に鍵をかけてしまったため、知運の魂は体に戻ることができなくなった。仕方なく魂だけで涼州へ戻った。そのため、随従の者は誰一人、知運の死を知らなかった。

涼州へ戻った知運は、四十日あまりかけて公私の諸事をすべて処理した。そして、宿駅に人を遣わして自分の遺骸を引き取らせた。知運は自ら立ち会って納棺をすませると、家族に別れを告げて棺に飛び込んだ。

二度と知運の魂が現われることはなかった。

（唐『広異記』）

二十一話　虎皮

蒲州《ほしゅう》（山西省）に崔韜《さいとう》という人がいた。滁州《ちょ》（安徽省）を旅し、南の歴陽（安徽省）へ向かった。明け方に州を発ち、途中、仁義館で一泊することにした。

仁義館の役人は声を低くして言った。

「ここでは何人か亡くなった人がおります。よそへ泊まった方がいいですよ」

しかし、崔韜は役人の忠告を聞かず、荷物を背負ってさっさと上がり込んだ。役人も仕方なく、灯りを用意してくれた。

二更（夜十時頃）を回った頃のことである。崔韜が夜具を広げて寝ようとしているところへ、突然、虎が扉を破って飛び込んで来た。崔韜は慌てて物陰に隠れた。

崔韜が息を潜めて見守る前で虎の体からするりと皮が落ちたかと思うと、中から美しい娘が現われた。娘はそのまま崔韜の夜具にもぐり込んだ。崔韜は隠れていた場所から出た。

「どうしてここで寝ようとするのだ？　獣の皮を身につけていたのはどういうことか？」

矢継ぎ早の問いかけに娘は答えた。

「私は怪しい者ではありません。父と兄は狩人ですが、家が貧しくて結婚相手が見つかりません。こうなっては自分で探すしかないと思い、夜になると虎の皮をまとって旅館の客人のもとを訪れております。今までの客人は皆、私の姿に驚いたあまり、命を落としてしまいました。今宵、あなたとこうしてお会いできたのも何かのご縁でしょう。どうか、私を妻にして下さい」

この時、すでに崔韜は娘の美しさに心をひかれていた。

「願いをかなえてあげよう」

崔韜はそう言って娘の脱ぎ捨てた皮を館の裏にある枯れ井戸に投げ捨てた。崔韜は娘を妻とし、故郷へ連れて帰った。ほどなくして二人の間には男の子が生まれた。

後に崔韜は試験に合格し、宣城（安徽省）の役人に任じられた。崔韜は妻と息子を連れて任地へ赴いた。一月あまり旅を続けた後、再び仁義館に宿泊した。

崔韜は笑って言った。

「私達が初めて出会ったのはここだったね」

枯れ井戸をのぞいてみると、昔、投げ捨てた虎の皮がまだ残っていた。

「お前が着ていた皮がまだあるよ」

崔韜が笑ってそう言うと、妻も笑った。

「まあ、懐かしい。せっかくだから拾ってきて下さいな」

妻は皮を手にして崔韜に笑いかけた。

「ちょっと着てみますわ」

皮を身にまとった途端、妻は虎となった。虎は崔韜と息子に躍りかかってその体を食らい尽くすと、いずこへか姿を消した。

（唐『集異記』）

二十二話　三官神の霊験

松江（上海附近）東門内で、陳なにがしが小さな質屋を開業した。陳は三官神を信奉しており、朝晩、神像の前に跪いて、商売繁盛を願っていた。このようにして二十年近くが過ぎた。

康熙二十年（一六八一）十月十五日の下元節のことである。この日は三官神の祭礼の日で、陳は小僧に店番をまかせて、神像の前で長々と三官経を唱えていた。そこへ客が古い着物を質入れしに来た。経を唱え終わった陳が店に出てその長衣を見てみると、古くてボロボロであった。客が、

「三銭貸してもらえまいか」

と言うのを陳は値切った。

「二銭しか出せませんね」

客はどうしても三銭ほしいといって引き下がらない。陳が着物をまさぐると、袖の中に釵《かんざし》のようなものがある。客は釵のことは知らないようであった。

「いいでしょう、三銭お貸ししましょう」

陳は客に金を渡して帰らせた。

奥で着物を調べると、果たして一本の金の釵が出てきた。陳は大喜びで、三官神の像の前に跪いた。

「今日は思わぬ得をいたしました」

ふと見ると、神像を置いてある机に文字が書いてあった。

朝な夕な拝んでいるのに、私が訪ねてもお前さんは知らんふり

金の釵はお前さんに贈る線香代

これからは二度と取り引きせぬからな

陳は震え上がった。客の正体は三官神だったのである。ほどなくして、陳は死んだ。

（清『述異記』）

二十三話　鬼妾

鄂州《がくしゅう》（湖北省）都統司に勤務する秦奎《しんけい》が、臨安《りんあん》（杭州）で買った妾を連れて帰った。数年後、妾は一子を生んだ。ある時、秦奎の妻がささいなことから妾を庭先で叱りつけた。妾も負けておらず、声を荒げて言い返した。

「私は人間ではないのに、どうしてこんな目に遭わされなきゃならないのでしょう」

「人間でなければ、何だというの？」

妾は笑って答えた。

「幽鬼です」

突然、妾の体がふくれ上がったかと思うと、屋根に届くほどになった。家中が恐れおののいているうちに、妾の姿は元に戻った。妾に理由をたずねても、何も答えず笑うばかりであった。まだ子供が幼くて、母を恋い慕うので、あえて追い出すことはしなかった。

その妾は今でも秦奎の家にいるのだが、何も変わったことはなかった。

（宋『睽車志』）

二十四話　陳生

越《えつ》地方（浙江省）に陳生という男がいた。うわべは真面目を装っていたが、本性は放蕩無頼で良家の婦女を誘惑することを好んだ。破廉恥なことに何人もの尼僧と通じ、その一人を孕《はら》ませたこともあった。陳生は生まれた子供を水に沈めて殺した。

しばらくして、陳生は原因不明の病で床に臥す身となった。熱に浮かされながら寝ていると、壁のすき間から何やら入ってきた。それは着物を着た猿であった。猿は寝台の前に立つと、

「冥府の命令で召し捕りに来た」

と言った。陳生は慌ててたずねた。

「令状はどこにある？」

すると、猿は意外な顔をした。

「令状がどうして必要なのだ？　令状がなければ、召し捕ることができないとでもいうのか？」

陳生は罵った。

「幽明にも道理があろうが。本当に召し捕りに来たのなら、どうして令状がないのだ？

はぐれ幽鬼が食い物にありつくために、うそをついているのかもしれないぞ。それに、どうして猿をよこすのだ。冥府に人がいないわけではなかろう」

猿は困り果てて土地神と竈《かまど》の神を呼び出した。

「いやはや困ったことになり申した。至急の件ということで、令状を取る時間がありませなんだ。それをこの者は令状がないからと言って、私の言うことを信じないのですよ。お二方立会いのもと、この者を連行したいのですが、途中までご同道いただけまいか」

土地神と竈の神は承知した。

「よかろう」

猿は寝台に上がると、陳生のへそから魂を抜き取った。

途中で土地神と竈の神と別れた陳生は猿とともに大きな城門をくぐり、立派な建物に連れて行かれた。その窓には黒地に白糸で縫い取りを施した幕が垂らされていた。建物の左側の小部屋には朱と緑の衣を着た人が数人坐っていた。人間界の役所によく似ていた。

一人の役人が陳生に向かって言った。

「その方、平生の淫乱の罪は数え切れないほどだ。しかも、尼僧を汚しもした。かの尼僧もふしだらではあったが、お前が誘惑さえしなければ身を汚すこともなかった。その上、生まれた子を殺したな。何か言い分があるなら言ってみろ」

いきなりの裁判である。陳生は証人がいないのを見ると、

「身に覚えのないことです」

と、白を切った。役人は陳生に指を突きつけ、

「ここは人間界ではないのだぞ。うそをつけば、その舌をただれさせることだってできるんだからな」

と言って、下役人に陳生を小部屋へ連れて行かせた。下役人は陳生の襟首をつかんで、顔を引き上げた。

「身に覚えがあるかどうか、ここで確かめてみろ」

小部屋の中では、年若い尼僧が寝台で子供を生み落とすところであった。子供はすぐに壺に入れられ、下女が柄杓でどんどん水を注ぎ入れた。そのそばでは陳生自身が、

「水が少ない、もっと足せ」

と指図していた。水が一杯になると、下女が浮いてくる子供の頭を水に沈めた。陳生はそれを見ながら心を動かす風もなく、

「泣き声を上げさせるなよ」

と冷淡に命令しているのであった。

自分の過去の悪行を突きつけられて、陳生は恐ろしさに震えた。

陳生は下役人に向かって土下座した。

「罪に服します」

下役人は陳生を最初の場所に連れて行き、あとは判決を待つばかりとなった。

その時、シャンシャンと音がして、天から一条の光とともに紫の衣をまとった僧侶が錫杖《しゃくじょう》をふりながら降りてきた。居合わせた人々は立ち上がって合掌した。僧侶は言った。

「陳なにがしの禄はまだ尽きておらぬ。また、かつて率先して経典の虫干しの費用を集めたこともある。わずかではあるが善行も積んでいるので、今日のところは許して帰してやってはどうか」

すると、人々は声をそろえて答えた。

「菩薩《ぼさつ》の命に従います」

僧侶は陳生を呼び寄せ、こう命じた。

「汝が尼僧を汚して子供を殺したことを世間では誰も知らぬ。もしも悔い改める気持ちがあるなら、自分の悪行を人々に明かし、ここで見聞きしたことを書物にして世間に広めるのだ。これもすべて、世の人々を戒めるためだ。よく天機はもらしてはならない、などと言うが、ただの迷信だ」

そして、僧侶は錫杖《しゃくじょう》で陳生の頭を打った。その途端、陳生は目が覚めた。体中にぐっしょりと冷や汗をかいていた。病はすっかり治っていた。以来、陳生は行いを改め、僧侶との約束どおり、自分の犯した過ちを人々に説いて回った。

陳生が冥府で会った僧侶は、慈悲深い地蔵菩薩ではなかったのだろうか。

（宋『鬼董』）

二十五話　義虎

明の弘治年間（一四八八～一五〇五）のことである。荊渓《けいけい》（江蘇省）に住む甲と乙は幼なじみであった。甲がたいそう美しい妻を娶ると、乙はこれをうらやみ、甲を陥れようとした。


甲の暮らし向きは豊かではなく、妻を娶ってますます苦しくなった。乙は甲に言った。

「かなり困っているようだけど、何か手立てはないのかい」

甲が「ない」と答えると、

「実はね、山の奥深くに住む金持ちが、帳簿係をさがしているんだ。読み書きそろばんができる人がいれば、助かるらしい。もし、君にその気があるなら、口を利いてあげよう」

甲は乙の好意に感謝した。乙は甲のために舟を雇ってやり、甲の妻も同行させた。目的地の山に到着すると、乙は言った。

「先方は君達が夫婦連れだと知ったら、いやな顔をするかもしれない。奥さんは舟に残った方がいい。話がまとまり次第、迎えに来るから」

そして、甲と乙は連れ立って山に入った。乙は甲を林の奥深くへと、連れて行った。そして、人気のないところで、いきなり、甲を突き倒し、鎌で切りつけた。甲はその場に倒れた。乙は死んだと思い、泣きながら舟に戻った。

「虎に襲われて、あいつはかみ殺されてしまった。一緒に遺体を引き取りに行こう」

妻は驚きのあまり、どうしてよいかわからず、乙の後について行った。乙は人気のないところへ甲の妻を連れ込むと、手込めにしようとした。その時、草むらから一頭の虎が飛び出した。虎は一声吼えたかと思うと、乙をくわえて走り去った。

妻は驚いてその場から逃げた。

「夫の親友だと思っていたのに……。ああ、夫もさっきの虎に食べられてしまったのかしら」

泣きながら山を下りる道を探すうち、迷ってしまった。そこへ、頭から血を流した男が枝を払いながらこちらへやって来た。甲であった。妻は大喜びで駆け寄った。

「あなた、無事だったのね」

甲は驚いてたずねた。

「お前、どうしてここにいるんだ？」

お互いに事情を話し、乙に謀られたことを知った。そして、天が悪人に罰を下した不思議に感嘆したのであった。

（明『情史』）

二十六話　旅籠の怪

後漢のことである。汝南《じょなん》郡汝陽《じょよう》県（河南省）の西門に県の所有する旅籠があった。旅籠の二階にはもののけが出ると言われていた。そこに泊まった者の多くが命を落とした。また生き残った者も、髪を剃られ、精気を吸い取られて廃人になった。旅人はなるべくこの旅籠に泊まらないですませようとした。どうしても泊まらなければならない時には、二階には泊まらず、一階に泊まる。今ではこの旅籠の二階に泊まろうとする者は誰もいなかった。

鄭奇《ていき》という郡の役人が南頓《なんとん》（河南省）への道を急いでいた。日はすでに西の山裾に半分ほど姿を隠していた。汝陽の旅籠まであと六、七里（この時代の一里は約四一〇メートル）ある。今日に限ってどうしたわけか車を牽く驢馬の歩みがのろく、予定なら南頓に着いているはずなのに、まだ汝陽の手前でウロウロしているのであった。

その時、

「もし、お役人様」

呼びかけられてふり向くと、道の傍らに女が一人立っていた。鄭奇は無視して通りすぎようとしたが、女が美貌であることを認めると、車に乗せてやった。

ほどなくして汝陽の旅籠に着いた。

「妻を連れている。静かな部屋にしてくれ。そうだな、二階がいいかな」

鄭奇は手形を見せながら言った。すると、係の者に、

「二階には泊まれません」

と断わられた。わけをたずねると、

「もののけが出るからです」

と言う。

「フン、そんなものを恐れると思うのか？」

鄭奇はそう言って、女とともに二階に上がっていった。

翌朝早く、鄭奇は、

「連れがまだ寝てるからな。しばらく寝かしてやってくれ」

と言うと、一人で出発した。

女はいつまで経っても降りてこなかった。清掃係が二階へ上がり、鄭奇の泊まった部屋の扉を開けた。寝台に女の死体が残されていた。

旅籠中に非常呼集の太鼓が響き渡った。全員が皆、二階の部屋に集められた。一人が、

「呉氏の嫁に似ている」

と言った。呉氏は旅籠から西北八里の村に住み、最近、嫁が死んだばかりであった。

昨夜、納棺しようとしたところ、突然室内の灯が消え、再び灯をつけた時には遺体がなく

なっていたという。呉氏が呼ばれ、遺体を確認して引き取った。

一方、鄭奇は旅籠を出て数里行った所で、急な腹痛に襲われた。初めは我慢できたが、痛みはどんどん激しくなった。南頓までたどり着いた時には、耐えられないほどの激痛となっていた。そして、そのまま死んだ。

旅籠の二階は封印された。

（漢『風俗通義』）

二十七話　離れの女

揚州（江蘇省）の塩商人程なにがしはたいそう裕福で、甍《いらか》を連ねる立派な邸を構えていた。豪放な性格で幅広い人脈を持ち、淮水《わいすい》一帯の富豪のほとんどとつき合いがあった。程の母親の誕生日を祝うために、前日から大勢の親戚知人が集まった。友人の年若い息子も遠方から祝いに駆けつけた。部屋はすでに先客で埋まっていたので、程はこの若い客人を離れに泊まらせることにした。

客人の導かれた離れは漆喰《しっくい》の塀に囲まれており、塀の外に植えられた一本の柳が柔らかな陰を落としていた。部屋は三間あり、中央が表座敷で両側は小座敷になっていた。右側の小座敷には寝台がしつらえられ、人が泊まれるようになっているのだが、左側には鍵がかけられ、固く閉ざされていた。扉のすき間からのぞいてみると、長持ちや鏡台が置かれており、婦人用の寝室のようであった。長らく人が立ち入ってないらしく、蜘蛛の巣が張り、ちりやほこりが厚く積もっていた。のぞくうちにヒンヤリとした空気が流れてくるように思われた。

その日の午後、客人は程とともに外で食事をした。酔った足取りで部屋に戻ったのは夜分遅くであった。寝台の帳《とばり》をかかげると、美しく化粧をほどこした女が横たわっていた。

「ここで何をしている?」

女は返答をせず、ニッコリと微笑んだ。客人は主人の妾が忍んで来たのだろう、と思った。客人は女に誘われるように体を重ね、そのまま意識を失った。目が覚めると、女の姿はなかった。夢かとも思われたが、褥《しとね》に残された脂粉の匂いが、事実であることを物語っていた。

翌日、邸では程の母の誕生日を祝って盛大な宴が催された。客人も祝宴の席に着いたのだが、昨夜の女のことを考えていた。昨夜は酔っていたため、何も覚えていないことが悔やまれた。女のことを忘れかね、酔ったふりをして早目に部屋に下がった。そして、銘茶を淹れて香を焚き、枕にもたれて女が現われるのを待った。

夜も更け、邸中の人が寝静まった頃になっても、女は現われなかった。客人が窓の外に目をやると、冴えた月明かりが皓々《こうこう》とあたりを照らしていた。その時、柳が揺れる音がして、塀の上から女の両足がのぞいた。その小さな愛らしい足には薄絹の靴下を着けていた。女はゆっくりと塀を降りてきたのだが、驚いたことに一糸まとわぬ裸体であった。やがて女は地面に降り立ったのだが、その体には首がなかった。

客人が息をひそめて様子をうかがった。女は塀の下にしゃがみ込み、手で土を掘り起こしはじめた。そして、何やら丸い物を掘り出すと、それを肩の上に載せた。それは、豊かな髪を垂らした女の首であった。女は左側の小座敷に上がって、扉の鍵に手を触れた。その途端、鍵が落ちて扉が自然に開いた。女は部屋に入ると、長持ちを開いて美しい衣装を取り出し、身にまとった。そして、鏡台に向かって化粧をし、髪を結い上げた。身づくろいをすませたその姿は、昨夜の女であった。

客人は恐ろしくなり、帳の中に身を隠した。女が入ってきたので、枕を投げつけた。すると、頭に命中して、女の首がコロリと落ちた。女はしゃがみ込んで、手探りで首を探した。客人は帳から飛び出して女の首を拾い上げると、外へ投げ捨てた。そして、女の胴体に殴りかかった。女は手探りで扉から逃げて行った。

「助けてくれー!!」

客人の叫び声を聞いて、主人の程をはじめ、泊り客全員が離れに集まって来た。客人が投げたという女の首を灯りで照らしてみると、それはしゃれこうべであった。肉も皮も落ち、まだ歯が数本残っていた。客人が自分の見たことを話し出すと、程の顔が見る見る青ざめた。

若かりし日の程はたいそうな美少年で、また色好みでもあった。ありあまる財産を恃《たの》んで、多くの妾を蓄えていたが、それだけでは飽き足らず、遊廓《ゆうかく》にもなじみの妓女がおり、また近隣の人妻や娘とも関係を持っていた。程の妻は美貌であったが、下僕と通じており、侍妾も一人として貞淑な者はいなかった。しかし、程は漁色《ぎょしょく》に忙しく、妻や妾の不貞にまったく気づかなかった。

ある時、程は隣家の妻を見初め、百計を講じて手に入れると、妾として離れに住まわせた。一年も経たないうちにこの女も不貞を働き、程の知るところとなった。程は怒りにかられて女を殺し、その首を塀の下に埋め、胴体は塀の外で焼き捨てた。

「売女《ばいた》め！　首と体を離されてはもう、生まれ変わることもできるまい」

客人の話が終わると、程はしゃれこうべを打ち砕いて燃やした。


（清『夢厂雑著』）

二十八話　形見

清河（河北省）の崔基《さいき》という人が、青州（山東省）にかりずまいしていた。朱氏にたいそう美しい娘があり、崔基は心を奪われた。崔基が思いを打ち明けると、娘は進んで身をまかせた。崔基はいずれ娘を妾に迎えることを約束した。

ある夜更けのこと、崔基の門を叩く者があった。崔基が着物を引っかけて出てみると、門の外で娘が泣き濡れていた。

「あたし、たった今、病気で死にました。今までずっとかわいがっていただきましたのに、もうお会いすることもできません」

そして、懐から二疋《ひき》の絹を取り出した。

「あなたに着物を縫ってさしあげようと織ったものですが、もう縫えなくなりました。形見にさしあげます」

崔基はその返しに錦を八尺贈った。娘は錦を受け取ると、大事そうに胸に抱きしめた。

「ああ、これで永のお別れですわ！」

そう言うなり、姿を消した。

翌日、崔基が娘の家を訪ねると、父親の口からこう告げられた。

「昨夜、急な病で死んでしまいました」

崔基が、

「お宅で絹がなくなってはいませんか？」

とたずねると、父親は驚いた様子で、

「昨夜、娘が亡くなった後、以前、娘が織った絹が二疋ありましたので、それで家内が死装束を縫ってやろうとしていたら、少しよそ見をしている間になくなってしまいました」

と答えた。

崔基は昨夜、娘が訪ねてきたことを話して聞かせた。

（六朝『祖沖之述異記』）

二十九話　雨の夜

桐郷（浙江省）の医者趙なにがしは、城壁のすぐ外側に住んでいた。康熙三十七年（一六九八）正月、急病人が出たというので往診に行った。帰る頃には、すでに暗くなっており、おまけに雨も降り出していた。家まであと数里（この時代の一里は約五八〇メートル）というところで、突然、後ろから呼びかけられた。

「趙先生、先には幽鬼がたくさんいますから、行ってはなりませんよ。戻ってうちで休んでいったらいかがです？」

趙は声の主が幽鬼ではないかと思い、ふり向きもせず、一心に前に進んだ。声は何度も呼びかけながら近づいてきた。趙はこわくなって駆け出して、橋のあるところまで来た。今度は橋の下から、声が聞こえた。

「趙先生、橋の向こうには幽鬼がたくさんいますよ。行ってはなりません」

見ると、橋の下では人が二人、素っ裸で水浴びをしている。季節は春とはいえ正月で、まだ寒い。ますますこわくなった趙は橋を渡るのをやめ、遠回りをして家に帰ることにした。

半里ほど行くと、一軒の小さな家を見つけた。灯りが点いたり、消えたりしていた。

雨足が激しくなってきたので、趙は門を叩いた。

「すみません、雨に降られて難儀しております。一晩、泊めて下さい」

すると、中から女の声で返事があった。

「女所帯ですので、お泊めするわけにはいきません」

「では、せめて軒下で雨宿りさせてもらってもいいでしょうか」

と頼むと、許してくれた。

一更（二時間）あまり経った時、女が門を開け、趙に中に入るようすすめた。

「ご好意、ありがとうございます。軒下で十分です」

趙が断わると、女はものすごい力で中に引きずり込もうとした。

「お寒いでしょう、私が暖めてさしあげます」

辺りを見回すと家の灯りは妙に暗く、女の手も氷のように冷たかった。女が幽鬼だと悟ると、趙はもがいて逃れようとした。すると、女は趙の首をつかみ、いきなり口を合わせてきた。しかし、すぐにもぎはなして、ペッとつばを吐いた。

「あんた、焼酎に生のにんにくを食べたね。くさくて、近寄れないわ」

そして、趙を離して、中へ入ってしまった。

趙は雨の中を一目散に走った。ようやく親戚の家にたどり着いたので、力いっぱい扉を叩いた
「こんな夜中に誰だろう？」

親戚がいぶかりながら出てみると、趙が飛び込んできた。趙は部屋に通されるなり、気を失って倒れた。生姜湯を飲ませたところ、息を吹き返した。そして、幽鬼に遭ったことを詳しく話したのであった。

翌日、趙は親戚に家まで送ってもらったのだが、その後、十日あまり寝込んだ。元気になってから、雨の夜の家を訪ねると、そこには家などなく、小さな塚があるだけであった。

（清『述異記』）

三十話　賭鬼

帰安（浙江省）の東林村に呉大成という男が住んでいた。博打に目がなく、いつも向こう岸の村の賭場へ入りびたっていた。

ある日、下杭村の張允昌《ちょういんしょう》が舟に棹さして洛舎の親戚の家へ向かう途中、東林村にさしかかると、大成が岸辺でうろうろしている。允昌は大成を見知っていたので、

「大成どん、何しとるかね?」

と、声をかけた。すると、大成は向こう岸へ渡してくれと頼んだ。

「また、博打かい?」

「そうだよ」

というやり取りの後、允昌は大成を舟に乗せて向こう岸に渡った。岸に上がろうとした大成は泥に足を取られて転びそうになったが、近くにあった桑の木にすがりついて河に落ちずにすんだ。

「張どん、ありがとさん」

大成は礼を述べて立ち去った。

大成と別れた允昌が半里（この時代の一里は約五八〇メートル）ほど舟で行くと、紙

銭を手にした男が急ぎ足で岸辺を行く人影がある。それは允昌の親戚の宋永年だった。

「永年どん、どこへ行くのかね？」

「呉大成が死んじまったから、その弔いに行くんだよ」

永年の答えに、允昌は大笑いした。

「馬鹿言っちゃいけないよ。大成ならついさっき向こう岸に渡してやったばかりだ。会ったばかりの人間が死ぬなんて道理あるはずあるめえ」

永年が口をとがらせて反論した。

「馬鹿言っているのはお前さんの方だ。おれの西隣は大成の婿だ。そいつが昨日、大成が死んだと知らせてきたのだから、うそのわけねえだろう」

允昌は大成が岸に上がる時、泥に足を取られたことを思い出し、永年を舟に乗せ、戻って確かめることにした。確かに泥の上には履《くつ》の跡がはっきり残っていた。二人は驚きのあまり、顔を見合わせた。允昌は親戚の家を訪ねることをやめ、永年とともに大成の家を訪ねると、果たして大成はすでに死んでいた。

家族の話によると、昨日、大成は死んだのだが、その今わにうわごとのように、

「向こう岸の賭場へ行きたいから、舟で渡してくれ」

と言ったとのこと。允昌は大成を舟に乗せて向こう岸に渡したことを話し、大成の息子を連れて行くと、履跡はまだ残っていた。

また、同じ村の博打仲間の話によれば、卓を囲んでいると、突然、つむじ風が吹き込み、

しばらく周りをめぐった後、消えたという。つむじ風は大成の魂だったのかもしれない。日頃から博打にふけったばかりでなく、死んでもなお未練が残るとは、何とおそろしいことか。

（清『聴雨軒随筆』）

三十一話　犬と行者

昔、ある僧侶が犬を飼っており、たいそうかわいがっていた。ある日、僧侶は犬を置いて所用で遠出をした。その留守中、行者がふざけて犬を打ち殺した。行者は犬の死体を裏庭に埋めた。

僧侶が寺に戻ると犬の姿がない。行者から犬が死んだので裏庭に埋めたことを知らされた。犬を埋めたところへ行くと、大蛇が目を閉じてとぐろを巻いていた。僧侶は犬の魂が浮かばれず、大蛇になったと思ったので、行者に読経《どきょう》して犬の魂を鎮めさせることにした。

その晩、僧侶の夢に犬が現われ、行者の悪ふざけで打ち殺されたため、行者の命を奪うために大蛇の姿となったことを告げた。僧侶は行者を鐘の中に隠れさせ、自らはその傍らで経を唱えた。

裏庭の大蛇はカッと目を見開くと、ゆっくりとはい寄ってきた。そして、鎌首をもたげて僧侶の前を通り過ぎ、しばらく行者の姿をさがし求めているようであった。やがて、鐘に気づくと、その長い体で巻きついた。三日後、大蛇は鐘から離れて立ち去った。僧侶が鐘を持ち上げると、行者は白骨と化していた。

（元『湖海新聞夷堅続志』）

三十二話　三世の怨み

桐城《どうじょう》（安徽省）の儒生姚東朗《ようとうろう》に三保という息子がいた。九歳になった時、突然、病にかかり、三日間何も食べず、水だけ飲んで、念仏ばかり唱えるようになった。

この三保がにわかに河南なまりで父親にこう言った。

「私の前世は河南の僧侶です。修行仲間のなにがしとともに暮らしておりました。私には三十金の蓄えがあり、なにがしから借金を申し込まれて断わったところ、ある夜、なにがしは私を殺して金と度牒《どちょう》（僧侶の証明書）を盗んで逃げました。その後、私はあなたの家に生まれ変わり、あなたの弟となりました。なにがしはあなたの娘に生まれ変わり、今では溧陽（江蘇省）の潘氏に嫁いでおります。彼が六、七歳の時、殺して怨みを晴らそうと思ったのですが、いたいけな少女に手を下すことはできませんでした。私は十八で寿命が尽きて死に、今度はあなたの息子に生まれ変わりました。その時にはすでに仇は嫁ぎ去り、手を下すこともできなくなりました。仇を討つために、また生まれ変わらねばなりません。あなたの前世は河南の県知事で、なにがしから賄賂をもらって、私の事件を調べることを手控えました。そのため、私は二度もあなたの家に生まれ変わったのです。あなたの家に来てからの二世二十七年の衣食の費用は前世で受け取った賄賂と同じ額です。これから私は溧陽へ行きます」

三保の告白に、姚東朗は驚いてたずねた。

「怨みはまだ解けぬのか？」

と、姚東朗がたずねた。

「み仏の通力だけが解くことができます」

そう言い終わると息を引き取った。康熙十四年（一六七五）六月のことであった。

姚東朗は花山へ行き、見月律師に懺悔《ざんげ》した。見月律師は姚東朗に水懺《すいざん》（清水で全身を洗い清めて累世の宿寃を除くこと）を施し、三十金で殺された僧侶の供養をするよう命じた。懺悔が終わるのと時を同じくして溧陽に嫁いだ娘が流産したが、命には別状なかった。

娘は流産する前の夜に不思議な夢を見た。僧侶が家に上がり込み、娘に向かって何やらわめき立てた。その体からは光を発していた。しばらくして、僧侶は立ち去ったという。


（清『池北偶談』）

三十三話　廿二娘

余干《よかん》（江西省）の張という行商人が旅先で旅籠に泊まった。その晩、夢に美しく着飾った女が現われた。

「お一人でお寂しそうね。私が夜伽《よとぎ》をいたしましょう」

張が目を覚ますと、女はまだ隣で寝ていた。夜明けに女は立ち去った。

翌晩、張が部屋の扉を閉め、灯りを吹き消そうとした時、

「夜伽にまいりましたわ」

と声がして、昨夜の女が傍らに立っていた。

女の身元をたずねると、旅籠の隣の家の娘だという。

「これ以上、おたずねにならないで」

と言って、女は体を重ねてきた。

このように十日あまりが過ぎると、張は魂が抜けたようになった。旅籠の主人は不審に思い、張にたずねた。

「前の持ち主の時、この部屋で女が首を吊って死んだことがあります。もしや、その女にたぶらかされているのではありませんか？」

張は、

「はあ、このところ、商売のことで気がかりなことがありまして、ゆっくり眠れないんですよ」

とごまかした。

その晩、女が現われると、張は思い切ってきいてみた。

「主人から聞いた話だが、あんたはここで首を吊って死んだ女なのか？」

「ええ、そうよ」

女はあっさりと認めた。張はすっかり女と打ち解けていたので、この答えを聞いても少しも恐ろしいと思わなかった。

「一体、何があったんだ？」

「生きていた時の私は妓女だったの。楊生《ようせい》という客となじみになって、彼に求められるまま二十万銭を貸したのよ。だって、あの人、私と結婚するって約束してくれたんですもの。ところが、三年待ってもあの人は迎えに来なかった。悲しくて、腹が立って、私は肺病にかかり、家族からも邪魔にされたわ。生きているのもいやになって、とうとう首を吊ってしまったの。私が死ぬと、家族は家を売り払って、ここを離れたわ。それがこの旅籠よ。この部屋はもともと私の部屋で、愛着と思い出があるから、今でも離れられないの。楊生はあなたと同郷なんだけど、ご存じ？」

「ああ、楊さんなら知ってるよ。最近、饒州《じょうしゅう》の町中に引っ越したそうだ。奥さんをもらって、店も構えて、たいそう繁盛していると聞いてるよ」

女はしばらく悲しそうにため息をついていたが、やがて、

「私、あなたに頼みたいことがあるの。もちろんただでとは言わない。ちゃんとお礼をあげるわ。死ぬ前に、五十両あまりの銀を寝台の下に埋めておいたの。それをあなたにあげる」

張が寝台の下を掘ると、果たして銀が出てきた。以来、女は真昼でも姿を現わすようになった。

しばらく経ったある日、女は張に耳打ちした。

「ずっとここにいても、何にもならないわ。私をあなたの故郷に連れて行って」

張が承諾すると、女は位牌をこしらえるよう頼んだ。

「位牌には『廿二娘位《にじゅうにじょうのい》』と書いてちょうだい。普段は箱にしまっておいて。宿の部屋に落ち着いたら、箱を開けて名前を呼んでね。すぐに現われるわ」

張は言われたとおりに位牌を用意した。そして、荷物をまとめて、主人に出発を告げた。主人は出発に反対した。

「張さん、幽鬼に精気を吸い取られたその体で、旅をしようというのですか？　途中で野たれ死にするのが落ちですよ」

しかし、張はそれに取り合わなかった。

張は女の位牌をたずさえて旅を続けた。夜になると、位牌を取り出して、

「廿二娘」

と呼びかけた。すると、必ず女は現われた。

張は帰宅すると、すぐに壁をくり抜いて祭壇を作り、位牌を箱ごと安置した。張の妻が何気なく位牌の箱を開けると、美しい女が現われた。驚いた妻は張を問いつめた。

「あの美人は誰？　あんた、まさかよそ様の娘さんをさらって来たのではないでしょうね」

張は包み隠さずすべて妻に打ち明けた。妻は銀をもらったことを聞くと、それ以上は何もきかなかった。

それから五日の間、張はどこにも出かけなかった。すると、女が、

「私を饒州の町へ連れて行ってほしいの。貸しを取り立てに行くのよ」

と言うので、張は位牌を入れた箱をたずさえて出かけた。町の南で河を渡ろうとした時、女が現われ、張の手を取って言った。

「今までありがとう。あなたには本当に感謝してるわ。一緒にいられるのもあとわずかよ」

張は思わず涙を流した。しかし、女が何をするつもりなのかはわからなかった。

町に入った張は一軒の旅籠に宿を取った。位牌の箱を開けて呼びかけたが、女は姿を見せなかった。

張は不吉な予感に駆られて楊生の店へ行ってみた。すると、何が起きたのか、人が盛

んに出入りして大わらわである。隣家の住人が様子を見に出ていたので、これにきいてみると、

「楊さんは今朝まで元気だったのですが、先ほど突然、七竅《しちきょう》（目と耳と鼻と口）から血を吹き出して死んでしまったんです。もう、大騒ぎですよ」

とのこと。張は恐ろしくなり、急いで余干へ戻った。

以来、女は二度と姿を現わさなかった。


（宋『夷堅志』）

三十四話　蚕

湖州（浙江省）では多くの人が養蚕《ようさん》を生業《なりわい》としており、しばしば蚕にまつわる不思議なことが起きた。

明の弘治年間（一四八八〜一五〇五）に太倉《たいそう》（都にある政府の米倉）の孫廷慎《そんていしん》が安吉《あんきつ》（浙江省）へ米の買いつけに遣わされた。その途中、皁林《そうりん》を通りかかった時のことである。

巡邏《じゅんら》の一隊が三人を引き立てて行くのと出会った。聞けば、当地の豪族伍氏の使用人だという。

伍氏では毎年蚕を飼っているのだが、今年は桑のできが悪く、すべての蚕を養うことができなくなった。そこで、地面に穴を掘って、十かごあまりの蚕を生きたまま埋めてしまった。

伍氏は三人の使用人に桑の葉を買いに舟で市場へ行かせたのだが、手に入らなかった。仕方なく舟で戻る途中、突然、一匹の大きな鯉が飛び込んできた。ざっと見ただけでも数斤（この時代の一斤は約六〇〇グラム）はあろうかと思われる大物であった。三人は主人へのよい手土産ができた、と喜び、舟をこぐ手にも自然と力が入った。

皁林へさしかかったところ、巡邏が懸命に櫓《ろ》をこぐ小舟に不審の念を抱いた。何か後ろめたいことでもあって、急いで巡邏の目を逃れようとしているのではないか、と疑った。そこで、舟を止めさせて積荷をあらためると、人の片足が出てきた。驚いたのは三人の方である。わけのわからないまま縛り上げられた。

三人は浙江按察司へ送られて、死体のありかを白状するよう厳しく取り調べられた。三人は鯉が飛び込んできたことと、舟をあらためられた時にはなぜか鯉が人の片足になっていたことを述べた。しかし、信じてもらえない。拷問に耐えかねて、三人はとうとう苦しまぎれに罪を認めてしまった。

「確かに人を殺しました。死体は家の敷地に埋めてあります」

早速、人をつけて伍氏の家へやり、死体のありかを指し示させることとなった。その途中で孫廷慎と出会ったのであった。たいそう興味をひかれた孫廷慎は、自分も伍氏の家までついて行くことにした。

三人は死体が出てこなければ疑いも晴れるだろう、と思い、蚕を埋めた場所を指した。掘り返してみると、蚕は一匹も見当たらず、片足のない人の死体が埋まっているだけであった。これだけの証拠がそろってしまうと、冤罪《えんざい》でも申し開きのしようがない。結局、三人の使用人だけでなく、伍氏の主人も罪に服することとなった。

このことは一時、江南でたいそううわさになり、ついには都にまで伝わった。

伍氏があまりにも多くの蚕の命を損なったので、蚕に怨まれたのであろう。蚕でさえ怨みを抱くのだから、人の命を左右する司直はもっと慎重に裁きを下さなければなるまい。

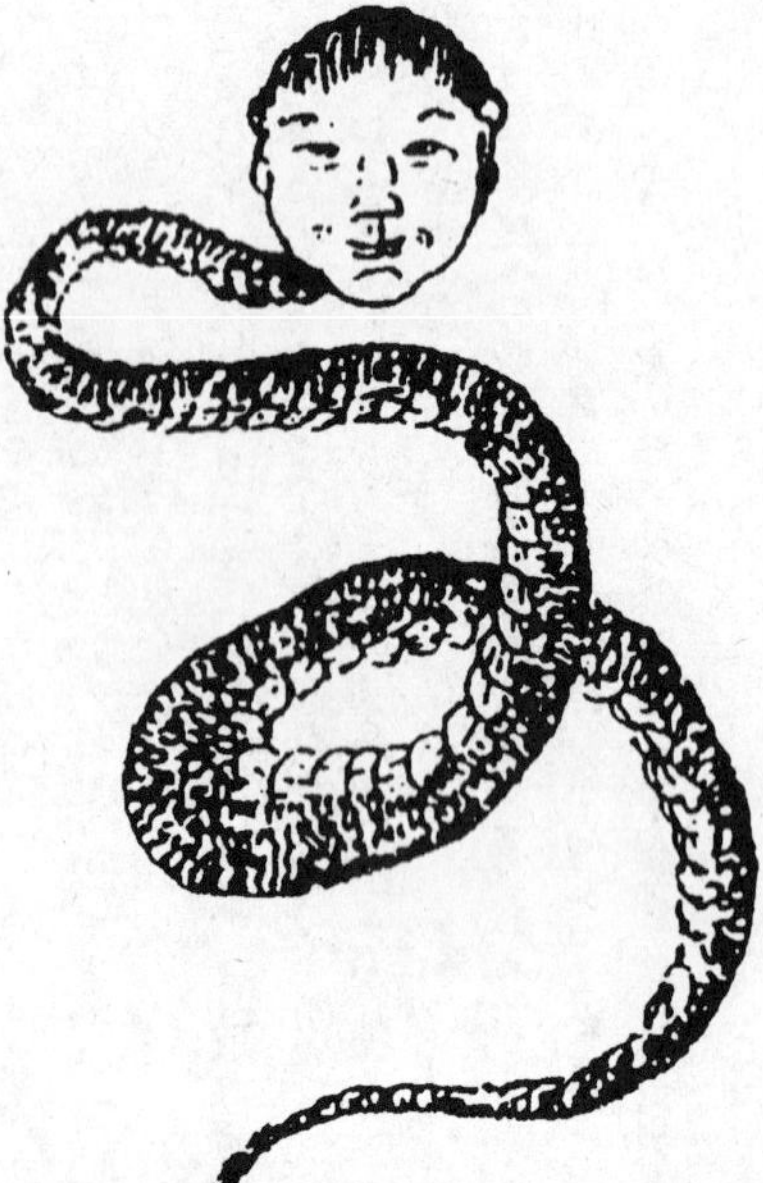

（明『治世余聞』）

三十五話　死後の情欲

ある貴人が死んだ。永興県（浙江省）の知事王奉先《おうほうせん》の夢にその貴人が現われた。近況を話し合ったのだが、その様子は生前と何の変わりもなかった。

奉先が、

「死後も情欲を感じますか？」

とたずねると、貴人は、

「某日に家に戻りましたよ。下女にたずねてごらんなさい」

と答えた。

翌日、奉先は貴人の家へ行って下女にたずねた。すると、

「その日、亡くなった旦那様が私のところへいらして共寝をした夢にうなされました」

とのことであった。

（六朝『幽明録』）

三十六話　死者の名簿

漢のことである。下邳《かひ》（江蘇省）の周式が東海へ赴く途中、一人の下役人と出会った。

下役人は巻物を大事そうに抱え、

「船に乗せて下さい」

と頼んできた。周式はこころよく乗せてやった。十里あまり行ったところで、下役人は、

「寄るところがありますので、ここで待っていて下さい。船に巻物を置いていきますが、絶対に見てはなりませんよ」

と言って、どこかへ出かけていった。

見るなと言われると見たくなるのが、人の心情である。周式が巻物を開いてみると、それは死者の名簿であった。しかも、終わりの方に自分の名前が書いてある。周式がぼう然としているところへ、下役人が戻ってきた。下役人は周式が巻物を見たことを知ると、足を踏みならして怒った。

「あれだけ言ったのに、どうして見たのです？」

周式は土下座すると、何度も頭を床に打ちつけて、

「お願いです。私の名前を名簿から消して下さい」

と頼んだ。下役人はふぅっとため息をついた。

「ここまで船に乗せていただいて、ありがたく思っておりますが、名前を消すことはできません。あなたは今すぐ家に戻って、三年の間、外へ出てはなりません。何があってもですよ。そうすれば、助かるでしょう。また、名簿を見たことを誰にも言わないように」

周式は家に戻ると、言われたとおり、引きこもって一歩も外へ出なかった。家族にその理由をたずねられても答えなかった。

こうして二年あまりが過ぎたある日、隣人が死に、父に弔いに行くよう命じられた。周式が出かけるのを渋ると、父は怒って怒鳴りつけた。

「何をたわけたことを言っている。お隣のご不幸だぞ。さっさと行ってこい！」

周式は仕方なく出かけることにした。門を出たところで、あの下役人と出会った。下役人は言った。

「三年間、家から出ないように言ったではありませんか。どうしてあと一年辛抱できなかったのです。あれからずっと、冥府にはあなたが見つからない、と報告し続けてきました。そのたびに私は職務怠慢をとがめられてむち打たれました。これで、今までの努力も無になってしまいました。三日後の正午に迎えに来ます」

周式は泣きながら帰宅すると、家族に自分が三日後に死ぬことを話した。父は信じなかったが、母は朝も晩も周式を抱きしめて泣き続けた。

三日後の正午、下役人がやって来た。そして、周式は死んだ。

(唐『法苑珠林』)

三十七話　生まれ変わって怨みを晴らす（一）

盧陵《ろりょう》（江西省）の城西に彭《ほう》という肉屋が住んでいた。いつも五更（朝四時頃）のはじめに十里廟の近くに豚を買いに行っていた。

ある日、いつものように暗いうちに家を出ると、正丙岡《せいへいこう》の趙氏の邸の門番が匕首《あいくち》を手に歩いているのを見かけた。数十歩ほど行ったところで、田んぼから耳をつんざく悲鳴が響いた。駆けつけると、人が殺されていた。近くに人家はなく、遠くに一軒家の灯りが見えるだけであった。彭は思った。

「朝になったら、あの家が真っ先に疑われるな」

夜が明けて事件が明るみになり、この家の主人が下手人として捕らえられた。主人は拷問に耐えかねて、犯してもいない罪を認め、死刑の判決を受けた。彭は刑場へ出向いて処刑されるのを見た。

「この人は冤罪《えんざい》だ」

彭は心の中でつぶやいた。

その夜、彭の夢に処刑された人が現われた。

「私の無実を知っているのはあなただけだ。あなたの家に生まれ変わって、この怨みを晴らすことにしよう」

一年後、彭に男児が生まれた。恐ろしいほど聡明で、見よう見まねで父親の仕事を覚え、十二歳になった時には自ら包丁を操って肉を売るようになった。

ある日、趙氏の邸の門番が肉を買いに来て、彭の息子とささいなことでいさかいになった。彭の息子は包丁をふりかざして、門番を殺した。この知らせを聞いた彭は、夢が現実になったことを悟った。

彭の息子は自ら役所に出頭し、犯した罪を自供した。刑の執行を待っているところへ、新帝即位の大赦《たいしゃ》が下り、釈放された。家に戻って一年後に、息子はふとした病で死んだ。

彭が息子の死を嘆いていると、夢に息子が現われて、

「私がこの家に生まれたのは、怨みを晴らすためでした。もう怨みを晴らしたので、死んだまでです。悲しまないで下さい」

と言った。

（元『湖海新聞夷堅続志』）

三十八話　生まれ変わって怨みを晴らす（二）

建陽県（福建省）の劉氏の妻が衢州《くしゅう》（浙江省）から来た余二とねんごろになった。女の夫が死んだ時には、余二は手持ちの金をすべてなげうってその面倒を見た。しかし、女は浮気なたちで、ほかの男ともねんごろになった。余二がこのことをなじってむち打ったところ、女は首を吊って死んだ。

女が首を吊ったのと同じ日の同じ時刻に建康（南京）の王千六の家に女児が生まれた。しばらくして、余二は商いで建康へ出かけ、王千六の家に滞在した。王千六と世間話をするうちに、その娘が女の死んだその時に生まれたことを知った。余二にはただの偶然とは思われなかった。そこで、娘を養女として引き取った。

娘は十三、四歳になると、隣家の少年とねんごろになった。余二が禁じても、やめさせることはできなかった。

ある日、制置使（辺境の軍事を司る役人）の乗った轎が余二の家の前を通りかかった。その時、二階の窓から娘が叫んだ。

「誰か、助けて！　父さんに手込めにされる」

余二は制置使の厳しい尋問を恐れて、首を吊って死んだ。後に娘は隣家の少年の妻となった。おそらく女が王千六の娘に生まれ変わって、怨みを晴らしたのであろう。

（元『湖海新聞夷堅続志』）

三十九話　十文字

唐の開元年間（七一三〜七四一）末のことである。

洛陽の安宜坊《あんぎぼう》に一人の書生が住んでいた。ある夜ふけに門を閉めて本を読んでいるところへ、すき間から頭をさし入れてのぞく者がある。厳しい声で、誰かとたずねると、

「私は幽鬼です。ちょっとおつき合い願いたいのですが。外へお出で下さいませんか」

と答えた。書生は剛毅なたちだったので、言われるままに外へ出た。

幽鬼は地面に十文字を書いてから、先に立って歩き出した。道々、立ち止まっては同じように地面に十文字を書き残す。やがて安宜坊の木戸を出て、寺の前へさしかかった。

書生が、

「せっかくだからお参りしていこう」

と言うと、

「私に着いて来て下さればいいのです」

と素通りしてしまった。

ほどなくして定鼎門《ていていもん》へ着いたが、夜更けなので門が閉まっている。幽鬼は書生を背負ってわずかなすき間をすり抜けた。五橋《ごきょう》まで行くと道端に家が一軒あり、まだ起きている

らしく、その天窓から中の灯りが見えた。

幽鬼は書生を背負うと、天窓に飛び上がった。見れば、一人の女が子供の前で泣いており、そばでは男がうたた寝をしている。幽鬼が天窓から飛び降りて手で灯りを覆うと、女はびくっとして辺りを見回した。そして、寝ている男を叱りつけた。

「坊やが死にそうだというのに、よく寝ていられるわね。急に灯りが暗くなったんだけど何かしら。ねえ、ちょっと見てちょうだいよ」

男はしぶしぶ起き上がって、灯りに油をつぎ足した。

幽鬼は女を避けるようにして子供に近寄ると、いきなり子供をつかんで持参した袋に入れた。子供は袋の中でもぞもぞ動いていた。幽鬼はその袋を担ぎ、書生を背負って天窓から外へ出た。

幽鬼は書生を家まで送り届けると、礼を述べた。

「私は子供をあの世へ連れて行く役目をしております。この役目は生きている人につき添ってもらわないと果たせません。そこで、あなたにご足労いただいたのです。どうもお手数をおかけいたしました」

そう言って立ち去った。

翌朝、書生は兄弟とともに、昨夜歩いた道筋をたどることにした。幽鬼がつけた十文字がすべて残っていたので、それを目印に歩いていくと、五橋の近くの家まで続いていた。聞いてみると、その家では、昨夜遅く子供が死んだとのことであった。

（唐『広異記』）

四十話　盂蘭盆会

撫州（江西省）南門の黄柏路に詹六《せんろく》、詹七《せんしち》という兄弟が住んでおり、絹を売って暮らしていた。ほかに末の弟があり、家族から小哥《しょうか》と呼ばれていた。末子ということで親に甘やかされて育ったせいか、博打にふけり、借金を作った。兄達に叱られることを恐れた小哥は、行方をくらました。母は小哥の身の上をたいそう案じ、自ら夢占いをしたり、また、占い師に見てもらったりしたが、いずれも結果は凶と出たため、すでに死んだものとあきらめることにした。

盂蘭盆会《うらぼんえ》の前夜に、詹家では死者に紙銭を供える準備をした。その時、表からかすかにため息が聞こえてきた。母は、

「あれは、小哥の声じゃないかえ。きっと自分が死んだことを知らせに来たんだよ」

と言い、紙銭を一枚取って、こう祈った。

「小哥や、本当にお前が戻ってきたのなら、その証にこの紙銭を取っておくれ。お前のために法要を営んでやるからね」

やがて、さやさやと冷たい風が吹き、見えない手が紙銭を取り上げた。母と兄達は小哥の死を嘆いて泣いた。早速、小哥のために僧侶を呼んで法要を営んだ。

その数ヵ月後、突然、小哥が現われた。

「わぁっ、小哥が化けて出た！」

長兄が叫んで刀を手に追い出そうとするのを、

「兄さん、早まるな」

と、次兄が制止した。小哥を呼び寄せて、

「お前、生きているのか？　死んでいるのか？」

とたずねると、小哥はこう答えた。

「死んだなんて、とんでもない。おれは見てのとおり、ぴんぴんしてるよ。実は博打の借金がかさんじゃって。兄さん達に叱られるのがこわくて、宜黄《ぎこう》に逃げたんだ。あっちで雇い人をしてたんだけど、やっぱり家が恋しくて戻って来た」

先の出来事は、身寄りのない幽鬼が小哥になりすまして、供養を求めたものであろう。


（宋『夷堅志』）

四十一話　秦巨伯

瑯琊《ろうや》（山東省）に秦巨伯《しんきょはく》という人がいた。年はすでに六十であったが、すこぶる頑健《がんけん》であった。

ある夜、酒を飲んで帰宅する途中、蓬山廟《ほうざんびょう》の前を通りかかった。

「お爺様」

二人の孫が迎えに来た。

「お帰りが遅いので父さんが心配してます。さ、肩につかまって」

そう言って、巨伯の両肩を支えて歩き出した。百歩ばかり行ったところで、いきなり巨伯を地面に押し倒した。

「この老いぼれめ。いつぞやはよくもむちで打ってくれたな。今日こそ、お前を殺してやるぞ」

確かに巨伯は孫をむち打ったことがあった。巨伯がとっさに死んだふりをすると、孫達はその場に放置して去っていった。

帰宅した巨伯は二人の孫を呼びつけて折檻《せっかん》しようとした。孫達は驚き恐れ、地面に額を打ちつけた。

「孫である私達にどうしてそんなことができましょう。幽鬼かもののけにたぶらかされたのではありますまいか。どうかお確かめになって下さい」

巨伯も孫達の言い分をもっともだと思った。

数日後、巨伯は酔ったふりをして、蓬山廟の前を通ってみた。果たして二人の孫が現われて、巨伯の両肩を支えようとした。それを巨伯は抱え込み、家まで引きずって行った。家に着いた時には、孫達は二体の木の人形に変わっていた。火をつけると、焼け焦げたが、闇夜にまぎれて消えてしまった。巨伯はもののけを殺せなかったことを惜しがった。

一月あまり経った夜、巨伯は懐に刀をひそませて蓬山廟の前へ行き、酔ったふりをした。家族はこのことを知らなかった。

真夜中になっても巨伯が戻って来ないので、二人の孫はまたもののけにたぶらかされたのではないかと心配して迎えに行った。巨伯は孫達の姿を見ると、懐から刀を取り出した。

「もののけめ、今度こそ殺してやる」

そして、孫達を刺し殺した。

（六朝『捜神記』）

四十二話　亡き息子

長洲（江蘇省）の陸墓に戴客《たいかく》という人がいた。かわらけ（素焼きの陶器）の販売を生業《なりわい》とし、たいそうな蓄えもあったが、息子は一人しかいなかった。夫婦は一粒種の息子を目に入れても痛くないほど溺愛し、望むものは何でも与えていた。

この息子が十六歳になった時、突然病みついた。医者や薬、あげくの果てには祈祷にまで湯水のように金を使ったが、何の甲斐もなく半年後に息子は亡くなった。

夫婦は息子の死を深く嘆き、せめて葬儀だけでも盛大に執り行ってやろうと、残りの財産を使い果たした。

「財産を残しても、受け継ぐべき息子がもういないのだから」

そして、日々、息子のことを思っては泣いた。

ある日、陸墓に一人の老婆が舟で乗りつけ、戴客の家を訪ねた。老婆は夫婦の嘆きぶりを見るとこう言った。

「死は誰もが免れられないもの、何をそうお嘆きになるのです。亡者はそれほど生者のことなど思っていませんよ。そんなに坊っちゃんに会いたいのなら、一日会わせてあげましょうか？」

「とっくにあの世へ旅立った者と、どうやったら会えるのです？　本当に会えるのですか？」

「そんなの簡単ですよ」

老婆は夫婦を自分が乗って来た舟へ連れて行った。

「この舟であるところへ連れて行きます。そこへ行けば坊っちゃんに会えますよ。ただ、二人一緒というわけにはまいりません。どちらか一人だけです」

そこで、母親が老婆と一緒に行くことになった。老婆は母親を固く戒めた。

「やたらとあちこち見てはなりませんよ」

老婆が流れに掉さすと、舟は飛ぶような勢いで進んだ。やがて舟は大きな市場のようなところに着いた。民家や商店が所狭しと並んでいた。

老婆は舟を岸辺につなぎ、女房を一軒の米屋へ連れて行った。店先で一人の若者が米を計っていた。亡くなった息子であった。

「母さん！」

息子は母親の姿を認めると、駆け寄ってきた。

「今はここで米屋をまかされております。母さんには一度会いたいと思っておりました。どうかしばらくお留まり下さい。主人の許しを得てから、お迎えにまいります」

そう言って店の奥へ姿を消した。母親が息子に再会できた喜びに浸っていると、老婆が舟へ戻るよう促した。

「あの子が迎えに来るのに」

老婆は母親をとまの下に隠れさせると、舟を岸から離した。

しばらくすると息子が店の奥から出てきたのだが、その姿は恐ろしげな牛頭夜叉《ごずやしゃ》と化していた。息子は母親がいないのを知ると、歯噛みしながらくやしがった。

「くそ婆あ、どこへ行きやがった？　二十年の貸しを四年も減らしやがって。向こうからノコノコやって来たから、お返しをしてやろうと思っていたのにずらかりやがったな」

息子は散々悪態をついてから、店の奥へ姿を消した。

母親はあまりの息子の変わりように、思わず泣き伏した。

「わかったかえ」

老婆はそう言って舟を帰した。

母親は戻ると、戴客に自分が見聞きしたことをつぶさに語った。

「あの子は貸しを取り立てるために生まれてきたのか……」

こうして、夫婦は息子への執着を断ち切った。

老婆に礼を述べようとしたところ、すでに舟とともに姿を消していた。


（明『庚巳編』）

四十三話　阮瑜之と幽鬼

東晋の太元十年（三八五）のことである。阮瑜之《げんゆし》という若者が始興寺の前に住んでいた。彼は早くに両親を亡くし、孤独な身の上で貧しく、日々のつらさに泣いてばかりいた。いつものように泣いていると、突然、幽鬼が現われて、瓦に一文を書いて阮瑜之に見せた。それにはこう書いてあった。

「ご両親が亡くなってから、ずっと泣いてばかりではないか。三年後には、君の暮らしはよくなっている。僕はしばらく君の家に厄介になるよ。心配することはない、損はさせないから。僕のことをこわがって不吉なものだと思わないでおくれ。君には吉になるはずだよ」

それ以来、幽鬼は阮瑜之の家に住みついた。何かいるものがあれば、すぐに幽鬼がくれた。二、三年もすると、暮らし向きも楽になった。

阮瑜之は幽鬼のために料理を作り、一緒に語り合った。阮瑜之が、

「ずっとお世話になりながら、まだお名前もうかがってませんでしたね」

とたずねると、

「姓は李、名は留之《りゅうし》、君のお姉さんの夫だよ」

「どうして僕のところに来てくれたんです？」

「あの世での罰が終わったのはいいんだけど、しばらく幽鬼のままでいなければならないことになってね。それで、しばらく君のところに居候をさせてもらったんだ。四、五年したら出て行くよ」

「出て行くって、どこへ行くんです」

「もちろんこの世に生まれ変わるのさ」

四、五年後、幽鬼は阮瑜之に別れを告げて姿を消した。

（六朝『幽明録』）

四十四話　身分

膠州《こうしゅう》（山東省）のある寺の経楼の裏手に菜園があった

ある蒸し暑い晩のことである。僧侶の一人が経楼の窓を開け放ち、夕涼みとしゃれ込んでいた。月が明るくてまるで昼間のようであった。その月明かりの下、菜園の木にもたれかかる人影が照らし出された。てっきり野菜泥棒と思った僧侶が、

「何者だ！」

と大声で叱りつけたところ、その人は恭しい態度で答えた。

「師父殿、疑われますな。私は幽鬼です」

「幽鬼ならどうして自分の墓に帰らぬ？」

「幽鬼にも生前の身分に合った集団がありましてね、それぞれふさわしい仲間と行動するのです。私は生前、書生だったのですが、不幸にも馬医や労働者の墓の間に葬られました。あまりにも身分がかけ離れているので、私はあの輩の仲間には入れないし、またあちらも私のことをひどく煙たがりましてね。そりが合わないので、ここで面倒を避けているのです」

言い終わると、幽鬼の姿は徐々に消えていった。

その後もこの幽鬼の姿を見ることはあったが、呼びかけても返事はなかった。

（清『閲微草堂筆記』）

四十五話　赤子の運命

陳蕃《ちんはん》が出世する前のことである。ある時、黄申《こうしん》という人の家に泊まった。その夜、黄申の妻が出産したのだが、表座敷に泊まっていた陳蕃はこのことを知らなかった。

夜中に門を叩く者があった。しばらくして、中から答える声が聞こえた。

「表に人がいるから入れないぞ」

「それなら、裏門から入ろう」

やがて裏門へ回った者が戻って来た気配がした。

「赤子は男か？　女か？　名前は？　寿命は何歳か？」

中の者がたずねると、外の者は答えた。

「男だ。名前は阿奴《あど》、寿命は十五歳だ」

「死因は？」

「よその棟上げを手伝っている時、落ちて死ぬ」

それきり声は聞こえなくなった。陳蕃は誰かの冗談と思い、さほど気に留めなかった。

それから十五年後、陳蕃は豫章《よしょう》の太守となった。

ふと十五年前のことを思い出し、黄申のもとへ人をやって子供の安否を問わせた。す

ると、家族が答えるには、

「阿奴は東隣の家の棟上げを手伝っていて、梁《はり》から落ちて死にました」

とのことであった。


（六朝『幽明録』）

四十六話　僧侶と狐

僧侶の志玄《しげん》は河朔《かさく》の人であった。方術に長け、戒律を厳しく守っていた。衣も絹物などは身に着けず、麻しか身に着けなかった。また、諸州を旅する時も、城中の寺には泊まらず、郊外の山林で野宿をした。

絳州《こうしゅう》（山西省）の東十里にある墓場で野宿をした時、不思議な体験をした。たいそう月の明るい夜であった。ふと見ると、一匹の狐が林の下で髑髏《どくろ》を頭にかぶっては揺すっている。髑髏が転がり落ちると、別の髑髏に取り換えてまた揺する。どうやら、揺すっても落ちない髑髏を探しているようであった。何度か髑髏を取り換えるうちに、ぴったり合うものが見つかった。今度は草の葉を摘んで、体中に貼りつけた。その途端、狐の姿は白衣をまとった娘と化した。その眉目はまるで描いたように美しい。人間の娘にもこれほど美しい者はあるまいと思われた。

狐の化けた娘がしとやかに歩み出そうとしたその時、東北の方角から馬のいななきが聞こえてきた。娘は袂《たもと》で顔を覆うと、路傍にうずくまって、よよと泣き出した。そこへ馬に乗った男が通りかかった。男は身なりから察するに軍人のようであった。

男は娘が泣いているのを見ると馬から下りてたずねた。

「奥さん、こんな夜更けにどうしてこんなところで泣いているのです？　よかったら、お聞かせ願えませんか」

するとは娘は涙を拭いながら、

「私は易州《えきしゅう》（河北省）の者で、北門の張氏へ縁づいておりました。しかし、去年、夫に先立たれ、家業もすっかり傾いて財産もなく、寄る辺をなくしてしまいました。実家に苦境を知らせようにも、易州までは遠く離れております。早く両親の顔を見たくて帰ることにしたのですが、道もよくわかりません。色々考えていたら悲しくなって、それで泣いておりました。このようなことを聞いて、どうなさるおつもりですの？」

と答えた。すると、男は、

「ほかのことなら、手助けはできませんが、実家へ戻るくらいなら、私にもお手伝いできますよ。実は私は易州でお役目に就いている身なのですよ。昨日、公務でこちらへ派遣され、今、易州へ戻るところです。こんな馬でかまわなければ、乗せて行ってあげましょう」

と言った。娘は涙を収めて礼を述べた。

「まあ、何てお優しい方なのでしょう。このご恩は忘れませんわ」

男が娘を抱いて馬に乗せようとしているところへ、志玄が飛び出した。

「待たれよ！　あなたが馬に乗せようとしているのは人間ではありません、狐が化けたやつですよ」

すると、男は、

「和尚さん、こんなに美しい人をつかまえて狐だなどと何を寝ぼけているのです？　この人を侮辱するのは、私が許しませんよ」

と、本気にしない。そこで、志玄は、

「あなたが信じないのなら、この場でこやつの化けの皮をはがしてみせましょうぞ」

と言うやいなや、印を結んで真言を唱えた。そして、錫杖《しゃくじょう》をふり上げて大喝した。

「速やかにもとの形に戻れ！」

その途端、娘は身もだえして倒れた。そこに娘の姿はなく、年老いた狐が血を吐いて死んでいた。その頭には髑髏をかぶり、体中が草の葉で覆われていた。

男は志玄を拝して、助けられた礼を述べた。そして、馬にむちを当てると、その場から立ち去った。

（六朝『稗海本捜神記』）

四十七話　赤岡店の怪

封丘県《ほうきゅう》（河南省）の南の赤岡店《せきこうてん》には、夜になると幽鬼が出没した。幽鬼は通りかかる人に向かって、

「婆を連れてけ～」

と呼びかけるのであった。人々は恐れ、夜になると誰も往来しようとしなかった。

付近の宿場の飛脚に張徳という者がいた。ある晩、急ぎの文書を受け取り、次の宿場まで送らなければならなくなった。遅れることは許されない。やむを得ず、夜を冒して出発した。

くだんの場所を通りかかると、草むらから老婆が現われ、張徳に呼びかけた。

「婆を連れてけ～」

張徳は豪胆な人だったので、声を荒げて叱咤した。

「よし、連れて行ってほしいなら、おれの背中におぶされ」

すると、老婆はいそいそと張徳の背におぶさった。張徳は縄で老婆の足をしっかりと自分の体に縛りつけて走り出した。数里ほど行くと、老婆は言った。

老婆は哀願した。

「下ろしておくれ～」

張徳は聞こえないふりをしてズンズン進んでいく。

「お願いだよ、下ろしておくれよう」

しかし、張徳は答えない。次第に老婆の哀願する声が小さくなり、その体は軽くなっていった。

宿場に着く頃には、ひっそりとして何の声も聞こえない。ふり返ってみると老婆の姿はなく、朽ちた古い棺のふたを背負っていた。これを火にくべたところ、シュウシュウと音がして数里の先まで臭気がただよった。

以来、幽鬼は現われなくなった。

（宋『牧豎閑談』）

四十八話　応報

信州（江西省）の張顕祖《ちょうけんそ》は監獄の下役人であった。主に囚人の再審理を担当していた。

ある時、富豪が死刑囚として監獄につながれた。富豪は顕祖に賄賂として千緡《びん》の銭を贈って、

「死刑を免れるよう便宜をはかってほしい」

と頼んだ。ひとまず賄賂を受け取ったのだが、上司が非常に潔癖で、賄賂をもらうことを嫌った。顕祖は富豪に事情を話して賄賂を返そうと思った。しかし、いざとなると返すのが惜しくなった。そのまま知らぬふりをして懐に入れる決心をしたのだが、そうなると、死刑を免れないことを知った富豪から賄賂を返すよう求められるのではないかと思うようになった。そこで、獄卒に命じて秘密裏に富豪を殺させた。そして、富豪の家族には、

「再審理を請求しようとしていたら、突然、死んでしまった」

と告げた。富豪の家でも深くは詮索しなかった。

張顕祖は賄賂を元手に甥に商売を任せたところ、順調にいった。やがて張顕祖も下役人をやめて商売に専念した。商売は順調で、やがて富豪と呼ばれるようになったが、財

産を継ぐべき息子がいないのが悩みの種であった。半ばあきらめかけていたところへ、息子が生まれた。

子供は美しく、賢く育ち、十歳になる頃には科挙の文章も書けるようになり、神童のほまれが高かった。十八歳で科挙に首席で合格した。両親は息子を掌中の珠と見なし、その望むことはすべてかなえてやり、金に糸目をつけなかった。

二年後に息子は泉州（福建省）の教授として赴任することになった。しかし、都にいる間に放蕩三昧の生活を送り、家産の七、八割を使い果たしていた。おまけに赴任する時には病にかかり、半年も臥せった。医者や祈祷師に金がかかり、残りの財産も使い果たした。

人を迎えにやって連れて帰らせたのだが、帰宅してすぐに死んだ。両親は悲嘆に暮れ、息子とともに死ぬことを願ったが、果たせなかった。納棺して三日後に遺体の顔にかけた布をめくると、息子の面差しは一変していた。それは昔、獄舎で殺させた富豪にそっくりであった。

数ヶ月後、張顕祖と妻は相次いで死んだ。

（宋『夷堅志』）

四十九話　鼠

魏の斉王芳《せいおうほう》（二三九〜二五四）の時のことである。中山（河北省）の王周南という者が襄邑《じょうゆう》（河南省）の長官に任命されて赴任した。

ある日、周南が役所の執務室に一人でいると、壁の穴からチョロチョロと鼠がはい出してきた。この鼠は周南の顔をキッとにらみつけると、人間の言葉を発した。

「おい、周南、そなたは某月某日に死ぬるぞ」

もちろん周南は驚いたが、何とも答えないでいると、鼠はさっと穴に引っ込んだ。

鼠に指定された期日になった。当日の朝、周南が鼠の穴に注目していると、果たしてまた鼠が這い出してきた。今度は冠をかぶり、黒い官服を着込んだ正装である。

「周南、そなたは今日の正午に死ぬるぞ」

周南はこの時も何とも返答しなかった。鼠はそそくさと穴へ引っ込んだ。

正午になった。鼠はまた、正装して現われた。

「周南、そなたは何とも答えない。わしはどう言えばよいのじゃ」

それから、チュウッ、と一声鳴いてひっくり返った。その途端、衣冠は消えてなくなった。そこには何の変哲もない鼠が一匹、倒れているだけであった。

（六朝『幽明録』）

五十話　娘の魂

光禄大夫の蔡謨《さいぼ》が家にいると、突然、東南にある隣家から泣き声が聞こえてきた。その悲痛な泣き声は死者を悼むもののように思われた。

見ると、家族が亡骸を取り囲んで泣いている中、一人だけ若い娘が離れたところで泣いていた。蔡謨は娘が家族といさかいでも起こして、一人だけ離れているのだろう、と思った。すると、突然、呼ぶ声が聞こえたかと思うと、娘の体が中に浮き上がり、天へ昇っていった。

蔡謨は死者の魂を見たことを不吉に思った。しばらくして、蔡謨は病で死んだ。

（六朝『霊鬼志』）

五十一話　堕胎薬

たいそう生真面目な医者がいた。ある晩、老婆が金の腕輪を一対持って、堕胎薬《だたいやく》を買いに来た。

「そんなもの、売れません」

医者は老婆を追い返した。

翌晩、老婆は腕輪に真珠の花のついた釵《かんざし》を二本添えて、堕胎薬を求めた。

「売れないものは売れません」

医者は老婆を追い払った。

それから半年あまり後のことである。医者は冥土に引っ立てられる夢を見た。

「その方を殺人の罪で訴え出た者がある」

冥土の役所に着くと、髪をふり乱し、首に紅いきれを巻いた女が泣きながら陳述していた。

「医者が堕胎薬をくれなかったばかりに、私は死なねばならなくなりました」

医者は驚いて反論した。

「薬とは人を生かすためのもので、殺すものではないぞ。どんな理由であれ、人を殺すための薬を売ることなどできぬわ。そもそも、あんたが男と乳繰り合った末のことだろう。私に何の関わりがある」

女は言った。

「私が薬を求めた時には、孕《はら》んだとはいえ、まだお腹の子供も血の塊に過ぎませんでした。魂も宿っていない血の塊を壊しさえすれば、私は死ななくてすんだのです。薬をもらえなかったばかりに、私は子供を産まなくてはならなくなりました。我が子を手にかけ、自分も首をくくりました。あなたは一つの命を助けたつもりでしょうが、結局、二つの命が失われることとなったのです。これは誰のせいでしょうか? あなたが融通を利かせてくれなかったばかりにこんなことになったのですよ」

冥土の裁判官は深くため息をついた。

「女よ、お前は事情をくまなかったこの男をなじり、彼は理屈を主張して譲らない。宋代以来、誰も彼もが理屈にこだわって空論ばかりふりかざし、実際にもたらされる結果については考えようともしない。こういう考えの人間は、この医者ばかりではない。女よ、お前ももうあきらめよ」

裁判官はそう言い終えると机を叩いた。その途端、医者はぞっとして目を覚ました。

（清『閲微草堂筆記』）

五十二話　地獄めぐり

洛陽の郭大娘《かくだいじょう》は、毓財里《いくざいり》で居酒屋を営んでいた。天宝年間（七四二〜七五六）初めに死んだ。

夫の王なにがしは河南府の書記であった。大娘が死んで一年後に突然、死んだのだが、数日後に生き返ってこんな話をした。

死んですぐ、王は閻羅王《えんらおう》の前に引き立てられた。閻羅王は言った。

「こやつは酒好きではあったが、狂い乱れることはなかった。また、他人に背くようなこともしていない。まだ寿命も尽きていないから、放してやるがよい。その前に地獄で亡者がどのように罪の償いをしているか見せてやれ」

最初に連れて行かれたのは大きな池であった。広さは数頃《けい》（この時代の一頃は約五八〇アール）ほどで、人糞《じんぷん》を満たしてあった。見ると、妻の大娘がその池の中で人糞まみれになって浮き沈みしている。王は地獄で責め苦を受ける妻の姿に涙を落とした。

そこへ、空中から人の首が落ちてきて、池のそばに転がった。首は血にまみれていた。

「誰の首ですか？」

王が使者にたずねると、

「秦の将軍白起の首だ」

とのこと。

「白起は千年以上前に死んでいるではありませんか。それがどうしてまだ責め苦を受けているのです？」

「白起は長平《ちょうへい》で投降した四十万の兵卒をだまして生き埋めにした。天帝はこの罰として三十年に一度、白起の首を斬るようお命じになった。一劫《いちこう》（無限に近い長い時間）が過ぎるまで、この罰は続くのだ」

次に城壁に囲まれた町に連れて行かれた。一面に熱い灰が敷きつめられ、その上を数千の人が走り回っていた。遠く離れた城門が開くと、人々はそれを目指して駆け寄った。しかし、あと少しというところで、門は閉じてしまった。すると、また遠くの城門が開いた。人々は熱さに苦しみながら、出口を求めていつまでも走り回った。

見終わると、閻羅王のところへ別れを告げに戻った。閻羅王は、

「その方は酒がたいそう好きなようだが、これも罪であるぞ。この罰として、その方を病にかからせることにする。そうでもしなければ、酒好きへの戒めにならぬからな」

と言うと、下役人に命じて水にひたした竹の杖で王の足に何やら印をつけてから、穴に突き落とした。王はこのようにして生き返ったのであった。

竹の杖で印をつけられたところを見ると、釘で刺されたような傷ができており、激しく痛んだ。

七年後に、王は死んだ。今度は生き返らなかった。

（唐『広異記』）

五十二話　線娘

線娘《せんじょう》は夏邑《かゆう》（河南省）の士族の娘である。聡明で、詩賦《しふ》をよくする上に四書五経にも通暁していた。線娘が八股文《はっこぶん》（科挙で用いられる文体）で一文を書き上げるたびに、師匠は賞賛した。

「女学士よ、男ならばたいそうな出世をするだろうに」

十七歳の時に父母が相次いで世を去り、線娘は一人になった。

隣家は某生の別宅であった。線娘の庭に一本の玉蘭があり、隣家の垣根によりかかるように伸びていた。線娘はいつも朝早くに起きて、玉蘭の花を摘むのを日課にしていた。

ある朝、いつものように花をつんでいると、某生が垣根の下に走って来て丁寧にあいさつをした。線娘は顔を赤らめてその場を立ち去ろうとした。すると、某生は、

「待って下さい。僕は宋玉《そうぎょく》（好色な男子の代名詞）ではありません。みだりに垣根に登って、隣のお嬢さんに悪さをするようなことはしません。ただ、独学で師と頼むべき人がいないので、お嬢さんに私の文章を見てもらいたいだけです」

と言って、一巻の草稿を取り出した。線娘はそれを受け取って書斎に戻って読むと、才能の華やかさが見られた。しかし、科挙の答案としてはふさわしくない部分もいくつ

か目についたので、手直しした。翌日、花を摘みに出た時に某生に返した。某生は感激して受け取った。

線娘と某生は文章のやり取りを通じて、しだいに親密になっていった。某生が『踰東家墻而摟其処子（垣根を越えて隣家の娘を抱きしめたい）』という文章を贈って誘いかけると、線娘は『媒妁之言《ばいしゃくのげん》』と題する文章を返して、結婚を申し込むようほのめかした。

某生が笑って、

「せっかく勢いのある語調をくじくような切り返しをされては、題目の意味が台無しですよ」

と言うと、線娘は答えた。

「あせって文章を書いても、うまくまとまりませんよ」

某生は線娘が自分に思いを寄せていることを悟り、垣根に梯子をかけて乗り越えた。そして、線娘の腕をとらえてかき口説いた。

「僕はあなたを師と仰いでいるのに、どうしてそう冷たいのです？」

「読書人は心変わりしやすいものです。ひとたび師匠を越えれば、今度は師匠が邪魔になる、そうではありませんか？」

某生は自分の心が変わらないことを山河に誓い、日月に誓ったので、線娘もついに操を与えた。

二人の関係は人に知られることなく、半年ばかり続いた。線娘は何度も結婚を催促したが、某生は口で承知するばかりで、ずるずると関係を続けた。やがて、某生は他家の娘と婚約した。

線娘が某生の結婚を知ったのは、婚礼の晩であった。彼女は垣根の下にたたずみ、某生に一目会って自ら別れを告げようとした。線娘は翌日も、その翌日も某生を待った。しかし、某生は花嫁に夢中で、線娘のことを思い出しもしなかった。線娘は絶望し、自室にこもってくびれ死んだ。某生も線娘が自ら命を断ったことを知り、涙を落とした。

後に某生は郷試を受けることとなった。某生が号舎（受験生に与えられる個室）で巻物を手に文章を練っていると、どこからともなく線娘が現われた。某生は線娘が怨みを晴らしに来たのかと、恐れおののいた。しかし、線娘は少しも怒りの色を見せず、紙を広げて墨を磨《す》り、文章を書き直した。そして、細々と助言をして立ち去った。線娘のおかげで、某生は郷試に合格した。

続いて都の試験を受けることとなったのだが、その時にも線娘が現われた。郷試と同じように、文章を書き直してくれた。こうして、某生は合格した。某生は最後の殿試にも合格し、戸部《こぶ》の役人となった。

ようやく仕事に慣れた頃、線娘が現われて言った。

「都で役人になったところで、もらう俸禄《ほうろく》はたかが知れております。地方に出て府知事になれば、二千石だって夢ではありませんわ」

某生もそのとおりだと思った。

伝手を頼って運動した結果、二年もしないうちに、府知事の職を得るためにかなり散財したので、その分を取り返そうとした。民百姓の膏血《こうけつ》を容赦なく搾り取って私服を肥やした。ほどなくして、盗賊から賄賂を受け取って法を枉《ま》げたことが発覚して、勅命で死刑を言い渡された。

処刑の前夜、線娘が首に帯を巻き、髪をふり乱して現われた。

「線娘、私を助けに来てくれたのか？」

すがりつく某生を、線娘は払いのけた。

「あの時の怨みをようやく晴らす日が来た。私がお前を助けて出世させてやったのは、一個の書生として死ぬよりも、罪人として処刑された方が、お前が苦しむと思ったからだ。お前を見て、人々はいつか必ず悪行の報いが来ることを知るだろう」

線娘は笑って姿を消した。

（清『諧鐸』）

五十四話　陳勲の復讐

建陽県（福建省）の書記、陳勲《ちんくん》は剛直な性格で人と相容れず、下役人達の恨みを買っていた。ある時、下役人達十人が陳勲をありもしない罪で誣告《ぶこく》した。不利な証拠も出てきたため、陳勲は処刑された。

翌年の命日、家族は陳勲の霊前に供物を捧げた。妻はひとしきり泣くと、恨みがましそうに言った。

「生前のあなたはたいそう厳しいお方でした。無実の罪で死んだのに、どうして黙っているのです」

その晩、妻の夢に陳勲が現われた。

「自分が死んでいたことを知らなかった。さっき、お前の話を聞いて、はじめて気がついたのだ。そうだったのか、復讐はしなければならぬ。しかし、役所にわし一人では入ることはできないので、お前、訴えに行ってくれ。わしもついて行くから」

翌日、妻は役所に訴えに行くことにした。門を出ると、陳勲が剣を地面に突き立てて待っていた。

「よし、行こう」

役所に向かう途中、橋の上で仇の一人と出会った。陳勲が剣でその頭を打つと、たちまち地面に倒れて死んだ。役所に着くと、陳勲は次々に仇に襲いかかって剣で打った。皆、その場で死んだ。こうして八人を殺した。残った二人は恐れて臨川（江西省）まで逃げて、難を免れた。

陳勲の家は蓋竹郷《がいちくきょう》にあった。霊験を知った人々はここに祠《ほこら》を立てて祭った。これが、陳府君廟である。

（宋『稽神録』）

五十五話　陳寨

泉州（福建省）晋江の陳寨《ちんさい》という祈祷師は、多くの人の病気を治してきた。漳《しょう》州で旅籠を営む蘇猛《そもう》の息子が発狂し、陳寨を呼んで治療を頼んだ。蘇猛の息子は陳寨の姿を見るなり、こぶしをふり上げて罵った。陳寨は、

「病は心の臓にまで達しておりますな」

と言うと、一室に祭壇を築き、誰も中をのぞかないよう命じた。

夜になると、蘇猛の息子の体を二切れに裂いて、東側の壁にかけた。そして、心臓を取り出して北側の軒に吊るし、祈祷をはじめた。その最中、どこからか犬がやって来て心臓を食べてしまった。陳寨が気づいた時には、心臓はすっかり食べられていた。陳寨は刀を引っつかむと、外へ駆け出していった。その時、蘇猛は何が起こったかまったく知らず、陳寨は部屋で祈祷を続けていると思っていた。

しばらくして陳寨は戻って来たのだが、その手には心臓が握られていた。壁にかけた胸に心臓を置いて、蘇猛の息子の体を合わせた。そして、髪を振り乱して叱咤すると、体は自然につながった。

蘇猛の息子は意識を取り戻すなり、

「逓舗《ていほ》、逓舗！」

と叫んだ。家族にはその理由がわからなかった。

後に、蘇猛の旅籠から十里（この時代の一里は約五五〇メートル）ほど離れた路傍で、宿駅の役人が公文書を握りしめたまま死んでいるのが発見された。その死体には心臓がなかった。

当時、宿駅の役人は文書を運ぶ時、次の宿駅に近づくと、

「逓舗」

と叫んで、注意をうながすことになっていた。

陳寨は宿駅の心臓を取って、蘇猛の息子を生かしたのであった。蘇猛の息子の病はすっかり癒えた。

（宋『稽神録』）

五十六話　陳処士

尚書の李当が興元（陝西省）に赴任した。管下の褒城《ほうじょう》県に陳休復《ちんきゅうふく》という処士がいた。自ら陳七子《ちんしちし》と号し、博徒と慣れ親しみ、そのふるまいは常識をはるかに超えていた。

李当は妖術で民をたぶらかしたかどで、陳処士を逮捕した。しかし、奇怪なことに陳処士を獄に下してからもその姿が町中で見られた。ほどなくして獄舎の陳処士が死んだ。その死骸はあっという間に腐敗が進み、悪臭を放ったので、獄舎では急いで埋葬した。その後、褒城で陳処士を見かけたという報告がもたらされた。李当は驚いたが、あえて追及しなかった。

ある日、李当の愛娘が突然、亡くなった。夫人は娘の死を嘆き、あまりに泣きすぎたため重い病にかかった。李当は手を尽くして医者や薬を求めたのだが、一向によくならなかった。

幕客の一人が李当に進言した。

「陳処士の道術は本物です。きっと亡き令嬢の魂を呼び戻すことができるでしょう。これに祈祷をさせたらいかがでしょうか」

李当ももっともだと思い、礼を尽くして陳処士を招いた。

陳処士は言った。

「それは簡単なことです。まず、棺を安置した部屋に松明を灯し、門の絵を描いて下され。奥方様には帳のかげに隠れていただきます。絶対に声を立ててはなりません」

真夜中、亡くなった娘が絵の門をくぐって部屋に入ってきた。生前と変わらない姿で、部屋の中を歩き回った。娘が部屋を何巡りかした時、夫人は我慢できなくなって声を押し殺して泣いた。その途端、娘の姿は煙のように消え失せた。

（宋『北夢瑣言』）

五十七話　葉生の帰還

淮陽《わいよう》（河南省）に葉生《しょうせい》という人がいた。名も字《あざな》も忘れたが、文章や詩賦で、当代随一と言われたこともあった。しかし、時の巡り合わせが悪かったのか、試験ではその実力を発揮することができず、落第を繰り返していた。

たまたま関東の丁乗鶴《ていじょうかく》が県知事として赴任してきて、葉生の文章に興味を抱いた。招いて話をしてみたところ、たいそう気に入り、役所の一室を与えて住まわせて、家族の生活の面倒を見てやることにした。

やがて、予備試験の期日がめぐってきた。丁乗鶴があらかじめ試験官に葉生がいかに才能すぐれているかを大いに宣伝しておいたところ、みごと首席を獲得した。丁乗鶴は葉生の答案を取り寄せて読むと、膝を叩いてほめた。以来、ますます葉生に期待するようになった。しかし、不思議なことに文章のうまい人ほど運命の神にうとまれるようで、本番の試験ではまたもや落第してしまった。葉生は落胆した。丁乗鶴の期待にそえなかったことで、葉生は自分の不甲斐なさを責めた。そして、見るも哀れにやせ細り、いつもぼんやりするようになった。

丁乗鶴は葉生のことを心配し、招いて慰めの言葉をかけた。葉生は言葉もなく、ただ涙を流すばかりであった。丁乗鶴は葉生に、任期が満了したら、一緒に都に行かないか、と誘った。葉生は何度も感謝の言葉を述べて帰って行ったが、門を閉じて外出しなくなった。やがて、葉生は病床に臥せる身となった。丁乗鶴は毎日のように使いをやって病状を見舞わせ、薬や滋養になりそうな食べ物を届けさせた。しかし、葉生の病状は一向によくならなかった。

しばらくして、丁乗鶴は上役に逆らって罷免《ひめん》され、郷里に戻ることになった。丁乗鶴は葉生に手紙を書いた。

「私は近いうちに東に帰らなければならなくなりました。出発を引き延ばしているのは、あなたの病気が治るのを待っているからです。あなたが朝にでもおいでになれば、私はあなたを連れて夕方には出発するつもりですよ」

葉生は手紙を握りしめてすすり泣いた。そして、使いの者にことづけた。

「病状が革《あらた》まってすぐには治りそうにありません。どうぞ、先にご出発になって下さい」

しかし、丁乗鶴は葉生を置いて行くには忍びなく、その病気の治るのを待ち続けた。

数日後、突然、葉生が丁乗鶴のもとを訪れた。

「私ごときのために、いつまでもあなたをお引き留めするのはまことに心苦しいことです。病も癒えましたから、ようやくご一緒できます」

丁乗鶴は支度を整え、その日のうちに出発した。郷里に着くと、自分の息子に葉生を師と仰ぐよう命じ、一緒に暮らさせた。

丁乗鶴の息子は再昌《さいしょう》といい、当時十六歳であった。まだ文章はうまく書けなかったが、非常に聡明で、たいていの文章は二、三回も読めば覚えてしまった。葉生に一年も師事すると、巧みに文章を作れるようになった。また、父親である丁乗鶴の力もあり、県学に入ることができた。葉生がこれまでに自分が試験勉強のために作った文章をすべて写して再昌に読ませたところ、そのうち七つが郷試で出題され、再昌は二番で合格した。

丁乗鶴は葉生に感謝して言った。

「あなたが書き残された文章のおかげで、息子は名を成すことができました。しかし、あなたほどの人が世に名を知られず、いつまでも埋もれているとは、何とももったいないことですなあ」

葉生は力なく答えた。

「それこそ運命でしょう。ご子息の福運を輝かすことで、私の文章も表に出ることができました。天下の人々に私の不遇が決して文章のまずさによるものではない、ということを知ってもらえただけでも本望でございます。それに士としてあなたという知己《ちき》を得たのですから、もはや思い残すことはありません。人間、必ずしも、官職を得ることだけが幸せとは限りませんから」

しかし、丁乗鶴は葉生がいつまでも他郷に留まって郷試の期日に遅れることを心配し、郷里に帰ることを勧めた。葉生は悲しそうな表情で、

「どうせ次もだめですよ」

と答えるのであった。丁乗鶴も無理強いすることもできず、再昌を都へ行かせて、葉生のために官職を買ってやるつもりでいた。再昌は進士試験にも合格して中央での職を授けられ、葉生を伴って赴任することになった。

その翌年、葉生はようやく郷試に合格した。ちょうど、再昌は南河の工事監督を命じられて赴任することになっていたので、

「今度の赴任先は先生の故郷に近うございます。先生もこうしてご出世なさったのですから、故郷に錦を飾られてはいかがでしょうか」

葉生は喜んで吉日を選んで再昌とともに出発した。そして、淮陽の近くまで来ると、再昌に従者や馬をつけてもらって郷里へ向かった。

葉生は数年ぶりの帰宅に心が浮き立った。しかし、家の中はひっそりと、静まり返っている。どうしたことかと思いながら中庭に入ると、妻が箒《ふるい》を手にして出てきた。妻は葉生の姿を見るなり、箒を放り投げて逃げ出した。

葉生は悲痛な面持ちで妻に声をかけた。

「私は出世して戻って来たんだよ。三、四年も会わないだけで、夫の顔も忘れてしまったのか？」

妻は物陰から顔だけ出して言った。

「あなたが亡くなって、ずいぶん経っているのですよ。今さら出世も何もあるものですか。お金はないし、息子も幼いし、埋葬はしておりませんが、棺だってまだそこにあり

ます。今ではあの子も一人前の大人になったので、近いうちにお墓を立てるつもりです。化けて出て、生きている者を驚かせないで下さいな」

葉生ははじめて自分がすでに死んでいることを知った。しかし、まだ信じられず、部屋に入ってみれば、確かに棺が置いてある。その途端、彼の姿はパッと消えてしまった。妻が驚いて駆け寄ってみると、棺の前に着物や帽子、履物《はきもの》が抜け殻のように落ちていた。妻は着物を抱いて泣いた。

そこへ息子が塾から帰って来た。表に馬がつないであり、立派な身なりの従者もいるので、どこから来たかたずねてみると、父である葉生が帰って来たというではないか。驚いて駆け込むと、母が着物を抱きしめて泣いていた。

再昌は戻って来た従者から一部始終を聞くと、涙を落とした。早速、乗り物を仕立てて葉生の家に駆けつけ、棺の前で弟子として哀悼《あいとう》を捧げた。そして、費用を出して葬式を営み、孝廉《こうれん》の礼をもって丁重に葬った。また、後見人として葉生の遺児の面倒を見、学問をさせてやった。翌年、葉生の遺児は秀才となった。

魂が己を知る者のために死を忘れることもあるらしい。葉生がその例であろう。

（清『聊斎志異』）

五十八話　爪

原邑《げんゆう》（河南と山西の境）の人、韓萬象《かんばんしょう》は字《あざな》を春宇といった。成年に達する前に郷里の推薦を受け、太原（山西省）の傳潤野《ふじゅんや》の娘を妻に迎えた。それから十七年を経て萬象は進士となったのだが、すでに妻の傳氏は亡くなっていた。

傳氏は生前、爪を長く伸ばすことを好み、鳳仙花で紅色に染めていた。最も長く伸ばしていた一本は折れてしまったが、納棺の際、ともに棺に納めた。

萬象が休暇をとって家で過ごしていた時のことである。彼が昼寝をしていると、目の前に傳氏が現われた。生前と変わらない様子で笑いながら言った。

「お耳がかゆいみたいですわね。かいてさしあげるわ」

傳氏は長い爪を使って萬象の耳をかいた。その途端、萬象は耳にかすかな痛みを感じて目覚めた。傳氏の姿は消えていた。

不思議に思っていると、耳元に何か当たる感触がする。それは紅く染めた爪であった。傳氏の棺に納めたはずの爪が枕元に残されていたのである。

棺の中にあるはずのものが、どうして枕元に残されていたのであろう？　夢の中のものが、どうして実体を得たのであろう？　いくら考えても解せない現象である。

（清『原李耳載』）

五十九話　泥人形の子供

衛士の銭千という者が河岸を歩いている時、水面に浮かぶ一体の泥人形を見つけた。泥人形には美しい彩色が施されていた。珍しく思った銭千は拾い上げて持ち帰り、妻に渡した。妻は寂しそうに言った。

「私に子供がいないからこんなものを下さるの？」

妻は泥人形に着物を着せ、昼はいつも胸に抱き、夜は添い寝をした。泥人形が本物の子供であるかのように可愛がった。

信じられないことだが、ある晩、この泥人形がおねしょをして褥《しとね》を汚した。銭千は気味悪く思い、朝になるのを待って泥人形を溝に捨てた。

その夜、門前で泣き声が聞こえたかと思うと、捨てたはずの泥人形がヨチヨチと入ってきた。

「お母ちゃん……」

そして、まっすぐに奥へ進み、銭千の妻の寝床にもぐり込んだ。

恐れた銭千はこのことを占い師の康生に相談した。康生は卦《け》を立てて言った。

「ことは重大ですぞ。三人の命がかかわっておりまする」

銭千はますます恐れた。

「どうしたらよいでしょう？」

康生はしばらく思案してからこう答えた。

「帰宅したら、すぐにその泥人形を斬り捨てることです。そうすれば怪異はやむでしょう」

銭千は刀を研《と》ぎ、泥人形のすきをうかがって斬りかかった。確かな手ごたえがあった。灯りで照らしてみると、そこに泥人形の姿はなく、妻が血だまりの中に倒れていた。

銭千は妻殺しの容疑で逮捕された。銭千が、

「ことの真相なら、康生が存じております」

と主張したので、康生が証人として喚問《かんもん》されることとなった。その時、康生は巻き添えを恐れて自殺した後であった。

銭千は身の証しを立てることができず、処刑された。


（宋『青瑣高議』）

六十話　同穴

唐州（河南省）比陽県に王八郎という豪商がいた。毎年、江淮《こうわい》（江蘇省から安徽省にかけての一帯）へ商いに出かけていたが、そこで一人の妓女とねんごろになった。こうなると、八郎は長らく連れ添った妻がうとましくなり、帰宅するたびに妻を追い出そうと謀った。

妻は八郎との間に四女をもうけていた。三女はすでに嫁いでいたが、末の娘はまだ幼く、母親を必要としていた。妻はあえて争うようなことはせず、恭しい態度で八郎に言った。

「私があなたのもとに嫁いで二十数年になります。娘達も嫁ぎ、孫もおります。今さら私にどこへ行けというのです？」

妻の言葉に気分を害した八郎はそのまま江淮へ行ってしまった。そして、妓女を連れて戻ると、自宅近くの旅籠に住まわせた。

妻は八郎が出て行ってからというもの、少しずつ家財を売り払ったり、質入れしたりして換金し、その金をすべて自分の衣裳箱にしまい込んだ。

久しぶりに八郎が帰宅すると、家の中が空っぽになっている。彼は妻を叱り飛ばした。

「何だ、このざまは！　おれへのあてつけか？　もう我慢ならん。出て行け、もうお前の顔なんて見たくもない！」

妻は今までとは打って変わった態度で、

「それならお上の裁定を仰ごうじゃないの」

と言うや、八郎の袂《たもと》をつかんで県の役所へ引きずっていった。知事は八郎と妻の離婚を許可し、資産は折半にするよう命じた。八郎が末娘の親権を主張すると、妻は訴えた。

「それだけはお許し下さい。夫は妓女と一緒になりたさに私を捨てたのです。そんなところへ引き取られたら、あの子の行く末はどうなるでしょう」

知事はこの主張を受け入れ、末娘は妻のもとで養育させることにした。

妻は八郎との離婚が成立すると、末娘を連れてよその村へ引っ越した。そこで、陶器を商う小さな店を開いた。

ある日、偶然、八郎が店の前を通りかかった。何となく懐かしさを覚え、声をかけてみた。

「こんなものを売ったってそれほど儲かるまい。ほかに商売替えする気はないのか？」

すると、妻は、

「あなたとはもう他人ですよ。うちのことに口出ししないでちょうだい」

と言って、八郎を追い払った。

以来、八郎は二度と妻の店の前を通らなかった。

末娘が成人し、方城の田氏に嫁ぐこととなった。妻はすでに十万貫もの蓄えを作っており、末娘のために豪勢な嫁入り支度をした。八郎は妓女と一緒に暮らした後、淮南《わいなん》で客死した。

数年後、妻も亡くなった。末娘は父親が他郷で客死して遺骨がそのままになっていることを常に気にかけていた。そこで、人を淮南へやって八郎の遺骨を引き取ると、母と合葬することにした。亡骸《なきがら》を洗い清め、新しい衣を着せて一つ寝台に並べて安置した。夜伽《よとぎ》の者がちょっと居眠りをしている間に、二つの亡骸は背を向けていた。偶然、振動か何かで動いたのだろうと思い、元通り並べ直した。しばらくすると、またもや背を向けていた。

夫婦の憎み合う感情はその死後も消えなかったのである。憎み合ってはいたが、死後は同穴《どうけつ》（一つ墓に葬られること）することとなった。

（宋『夷堅志』）

六十一話　鄂州の少将

鄂州《がくしゅう》（湖北省）の某少将は、もとは農夫であった。仕官するようになると、名門との婚姻を望んだ。しかし、彼には長年連れ添った妻がいた。

故郷に戻る途中、少将は妻を殺して河に投げ込んだ。同行した下女も殺してしまった。

少将は妻の実家に走ると、涙ながらに告げた。

「旅の途中、盗賊に殺されてしまいました」

人は少将の言葉を信じて疑わなかった。

数年後、少将は公務で広陵《こうりょう》（江蘇省）へ赴き、旅館に投宿した。

旅館の前で一人の女が花を売っていた。殺した下女とよく似ている。近づいてみると、果たして下女であった。下女は少将に気づくと、お辞儀をした。

「人か？　幽鬼か？」

少将の問いかけに下女は、

「人でございます。盗賊に襲われましたが、幸いにも命だけは助かりました。ちょうど船が通りかかったので、ここまで連れて来てもらいました。今は奥様と一緒に花を売って暮らしております」

と答えた。

「妻はどこにいる？」

「お近くにいらっしゃいます」

「会うことはできるか？」

「どうぞ一緒にいらして下さい」

下女は少将を小路にあるあばら家に連れて行った。

「ここです」

下女が中へ入ってしばらくして妻が出てきた。

「ああ、あなた、ようやくお会いすることができました」

妻は涙ながらにこれまでの苦労を語った。少将は妻の話を聞くうちに、だんだん頭がぼんやりしてきた。

「お食事の支度ができました」

下女が知らせた。少将は妻の後についてフラフラとあばら家の中へ入った。従者は外で存分に酒と食事をふるまわれ、したたかに酔った。

従者が目覚めると、すでに日が暮れていた。しかし、少将がいっこうにあばら家から出てこない。のぞいてみると、しんと静まり返り、人の気配もしない。不審に思った従者が中に入ると、床中、血まみれで、白骨が一体転がっていた。衣服はずたずたに切り裂かれ、誰のものか判別もつかなかった。

驚いて隣家に飛び込むと、

「あそこはずっと空き家ですよ」

とのことであった。

（宋『稽神録』）

六十二話　梵音

太原（山西省）の商人で石憲《せきけん》という人がいた。いつも商いで代北（山西省北部）を旅していた。

長慶二年（八二二）の夏のことである。雁門関《がんもんかん》（山西省北部の関所）付近にさしかかったところ、あまりの暑さに石憲は大木の下で気を失って倒れた。

そこへ一人の僧侶が現われた。褐色の僧衣をまとい、目つきの悪い異様な容貌をしている。これが石憲に向かって、

「拙僧は五台山の南に庵を結んでおります。林は奥深く、水は豊か、俗塵《ぞくじん》を遠く離れた結構なところで、多くの僧侶が避暑をしております。施主殿、あなたも一緒においでになりませぬか。ここにいては、この炎暑でどうなるかわかりませんぞ」

と言ってニヤリと笑った。それは人に不快感を催させるものであったが、石憲は暑さでかなりまいっていてそこまで気が回らなかった。僧侶の誘いは砂漠の中で甘露に出会ったのにも等しいありがたいものに感じられた。

「お坊様、連れて行って下さい」

僧侶は石憲を促して西に向かって歩き出した。数里（この時代の一里は約五六〇メー

トル）ほど行くと、林の奥の池についた。池の中では大勢の僧侶が泳いでいた。それを見た石憲は何やら奇妙な感覚に襲われた。僧侶が言った。

「これは玄陰池《げんいんち》といって、拙僧等はここで水浴して暑熱を避けることにしております」

そして、石憲を導いて池の周りをめぐった。僧侶達の様子を眺めているうちに、石憲はあることに気づいた。こちらを見上げるその顔は、どれも同じなのである。まるで、一つの鋳型があって、それから打ち出したもののように似ているのであった。

日は西に傾き、そろそろ山の端に姿を消そうとしていた。水浴している僧侶の一人が言った。

「施主殿に拙僧等の梵音《ぼんおん》をお聞かせいたしましょう」

その声に応じて、僧侶達は合唱をはじめた。

「ゲロゲロゲロゲロ……」

それは梵音とは似ても似つかない、不快な合唱であった。石憲が固まったまま動くこともできないでいると、別の僧侶が手をさし出して言った。

「施主殿も一緒に玄陰池で水浴なされよ。こわがることはありませぬぞ」

石憲は抵抗することもできず、そのまま水中へ引き込まれた。水は心臓も凍らんばかりに冷たかった。

ぶるぶるっと震え上がったその時、目が覚めた。そこは自分が気を失って倒れた大木の下であった。着物は水に落ちたようにびしょ濡れで、寒気がしてたまらなかった。もう日が暮れかけており、そのまま近くの村で泊めてもらった。

翌日になると、少しばかり元気になったので、出発することにした。しばらく進むうちに、遠くから蛙の鳴き声が聞こえてきた。

「ゲロゲロゲロゲロ……」

それは昨日の僧侶達の梵音とよく似ていた。そこで声を頼りに数里ほど行くと、林の奥の池にたどりついた。玄陰池にそっくりであった。池ではたくさんの蛙が泳いでいた。

石憲はこの蛙達が怪異をなしたことを悟り、池にいた蛙をすべて殺した。

（唐『宣室志』）

六十三話　碧瀾堂

南康軍建昌県《けんしょう》（江西省）の某家では熱心に紫姑神《しこしん》を祀っていた。この紫姑神は霊験あらたかで、茶や米の相場を予言して、某家にたいそうな利益をもたらしていた。

ある日、紫姑神からお告げが下った。

「明日、客人が来るので、丁重にもてなせ」

某家では家中を掃き清め、上等な茶器や調度類を出して準備を整えた。

翌日、主人は家族や下僕に命じて朝早くから交代で門の前で客人を待たせた。しかし、夕暮れまで待ったが、誰も来ない。そろそろ門を閉めようとしたところへ、乞食がやって来た。これこそお告げの客人なり、と思った主人は乞食を招じ入れて、丁重にもてなした。

最初のうちは乞食も思わぬもてなしに喜んでいたが、沐浴《もくよく》させられ、こざっぱりした衣服に着替えさせられたあたりから、不安な面持ちになった。当時、この地域では人間を生贄《いけにえ》に捧げる邪教がはびこっていた。自分が生贄にされるのではないかとおそれた乞食は、ひれ伏して命乞いをした。

「どんなに卑しい乞食でも、自分の命は惜しゅうございます。どうかお助け下さいませ」

「お客人、何をかん違いなさっているのです。昨日、紫姑神様からあなたをもてなすよう お告げが下ったのですよ」

主人がそう答えると、乞食はますます不思議な顔をする。

「はあ、紫姑神様のお告げですか。しかし、どうして私などが……。紫姑神様に直接おたずねしてみましょう」

乞食は香を焚いて紫姑神に今日の礼を述べ、どうして自分にこのような果報をもたらしたのかたずねた。その時、神降ろしのために用意された筆が動いて、紙に九つの文字を書き記した。乞食は紙を見るなり、その場に悶絶《もんぜつ》した。紙には、

「吁君忘碧瀾堂之事乎（ああ、あなたは碧瀾堂《へきらんどう》のことを忘れたのですか？）」

と書かれていた。

やがて、意識を取り戻した乞食は泣きながら、自分の身の上を語った。

「私はもとは裕福な家の息子です。ある妓女と二世を契ったのですが、両親の許しを得られず、とうとう手に手を取って駆け落ちしました。しかし、あっという間に金はなくなり、その日の暮らしにも困るようになりました。家に戻って両親に許しを得ようにも、女が一緒にいたのではそれも無理。呉興《ごこう》（浙江省）におりました折に、女を誘って碧瀾堂に遊びに出かけ、女を酒に酔わせて、池に突き落として逃げました。厄介払いをしたものの、人を殺した恐ろしさに故郷に戻ることもできず、そのまま乞食に落ちぶれ果てたのでございます。おそらく、あの女は私に一言恨みを述べたいがために、こちらのお

宅に紫姑神として降ったのでしょう」

乞食は語り終えると、またもや泣いた。主人は乞食に数百金を贈った。

「これで故郷にお戻りなさい」

某家では紫姑神を祀るのをやめた。

（宋『夷堅志』）

六十四話　杜伯

杜伯《とはく》は周の宣王に仕えた大夫であった。宣王の寵姫女鳩《じょきゅう》が杜伯を誘惑しようとしたが、拒絶された。女鳩は杜伯のことを深く怨み、宣王に讒言《ざんげん》した。

「杜伯が私を手込めにしようとしました」

宣王は女鳩の言葉を信じ、杜伯を捕らえた。そして、薛甫《せつほ》と司空錡《しくうき》に命じて、杜伯を殺してしまった。杜伯の友人である左儒《さじゅ》はその無実を訴えて宣王を諫めたが、聞き入れられなかった。

それからというもの、宣王の前に杜伯の亡霊が現われては怨み言を述べた。

「臣が何の罪を犯したというのです」

恐ろしくなった宣王は神官に相談した。

「杜伯に手を下したのは誰です？」

「司空錡だ」

「どうして司空錡を殺して、杜伯に詫びないのですか」

宣王は司空錡を殺し、神官の口を通じて杜伯に自分の過ちを詫びた。しかし、杜伯はなおも宣王の前に現われた。おまけに司空錡の亡霊まで現われて、

「臣が何の罪を犯したというのです」

と、怨み言を述べるようになった。困り果てた宣王は皇甫に相談した。

「神官に言われて司空錡を殺したら、今度は司空錡の亡霊が出るようになった。どうしよう？」

皇甫《こうほ》が言うには、

「ならば神官を殺して、司空錡に詫びればよろしゅうございましょう」

宣王が神官を殺して司空錡に詫びたところ、今度は神官の亡霊まで現われて、

「私に何の責任があるというのです？　どうして私が殺されなければならないのです」

と怨み言を述べる。こうして、宣王は三人の亡霊に苦しめられることとなった。

三年後、宣王は大規模な狩猟を催した。従う者達が山野を埋め尽くした。ちょうど正午のことであった。杜伯が白馬に牽かせた白い車に乗って現われた。その左には司空錡が、右には神官が乗っていた。三人とも赤い衣冠を着け、こちらに向かってまっしぐらに馬車を走らせてきた。杜伯は朱塗りの弓に丹《に》塗りの矢をつがえ、宣王に狙いを定めて放った。

矢は宣王の心臓を貫き、背骨を打ち砕いた。宣王は矢袋の上に突っ伏して死んだ。

（六朝『冤魂志』）

六十五話　劉道錫

劉道錫《りゅうどうしゃく》と従弟の康祖《こうそ》は幼い頃から鬼の存在を信じていなかった。従兄の興伯《こうはく》は幼い頃から鬼の姿を見ることができた。しばしば鬼の存在について議論したが、道錫と康祖にその存在を信じさせることはできなかった。

ある日、三人で一緒に外出した時のことである。興伯は京口《けいこう》（江蘇省）の長広橋の住宅の東側で鬼を見た。かたわらの道錫と康祖に、

「東側の垣根の上に鬼がいるよ」

と言った。道錫は笑ってたずねた。

「もっとくわしく教えてくれよ」

興伯が答えると、道錫は康祖を引っ張って鬼のいるところへ駆け寄り、刀を抜いた。

「垣根のどこら辺りだ、教えろよ。叩き切ってやる」

興伯が大声で叫んだ。

「あ、鬼がお前に殴りかかろうとしてるぞ！」

道錫が刀を構えた。

「鬼はどこだ？」

その時、棍棒で殴るような音がして、道錫は気を失って地面に倒れた。一晩経ってようやく意識を取り戻したのだが、そのまま一ヶ月あまり寝込んだ。

興伯がまたこのようなことを言った。

「母屋の東側の桑の木の上に鬼がいるぞ。今はまだ子供だが、大きくなったらきっと人に害をなすだろう」

その場にいた康祖は本気にせず、

「へえ、木のどの辺りにいるのかい？」

とからかい半分にたずねた。

「ほら、あそこさ」

興伯は鬼のいるところを指さした。

それから十日あまり後の、月末の夜のことである。道錫は月のない闇夜にまぎれて戟《ほこ》を手に桑の木に近づくと、興伯の指し示した場所を刺した。道錫はこのことを誰にも告げなかった。

翌日、興伯は桑の木を見るなり、驚いてこう言った。

「誰があの鬼を刺したんだろう？　死にかけてるぞ。もう動くこともできないから、そう長くはもつまい」

康祖はなおも信じられないといった顔つきで、

「へえ、本当かい？」

と大笑いした。そのそばで道錫がすました顔をしていた。

（六朝『幽明録』）

六十六話　くし

唐の広徳年間（七六三〜七六四）初めのことである。

范俶《はんしゅく》という人が蘇州（江蘇省）で酒屋を営んでいた。ある晩、一人の女が店に入ってきた。女は異様な美貌の持ち主であった。范俶は興味を引かれ、女に泊まるようすすめた。女ははじめのうちは遠慮して断わっていたが、やがて承諾した。

日が暮れ、范俶が灯りをともすと、女は顔に髪を垂らし、灯りに背を向けて坐った。

その晩、范俶と女は歓を尽くした
女は夜明け前に起き出して身支度を整えた。女が言った。

「あら、くしを失くしてしまったわ。どこにやったのかしら」

捜したが見つからなかった。女は別れ際に、范俶のひじを噛んだ。

「これでお別れですわ。私のことを忘れないで」

そして、立ち去った。

夜が明けてから、范俶は寝台の前で奇妙なものを見つけた。紙で作ったくしであった。それは死者と一緒に埋葬するものだったので、范俶はいやな気分に襲われた。その時、女に噛まれたところがうずいた。袖をまくると、ひじが赤く腫れていた。

それから范俶は全身が真っ赤に腫れ上がり、激痛に苦しみながら、六、七日後に死んだ。

（唐『広異記』）

六十七話　徐氏の姉娘

上饒《じょうじょう》（江西省）の徐氏に二人の娘がいた。姉は王秀才に、妹は楊氏に嫁いだ。姉は奔放な性格で、夫の留守中に若い下僕とねんごろになった。後にふとしたことで、病にかかった。病状は日に日に重くなっていった。

姉には嫁入り前から愛用している鏡があった。妹がほしがっていたのだが、姉は決してやろうとはしなかった。姉は家族に言った。

「私の病気は治りそうにありません。今さら鏡一枚にこだわって、どうなることでしょう。妹はこの鏡をずっとほしがっていた。あの子にあげて下さい。これが姉として残せる唯一の形見ですから」

しばらくして、姉は死んだ。

妹は三十里（この時代の一里は約五五〇メートル）離れたところに住んでいたのだが、葬儀を手伝いに来た。数日後、帰ろうとする妹に、王秀才の家族が姉の鏡を渡した。姉の言葉を聞いて妹は泣いた。

帰宅すると、荷物の中から鏡を取り出してのぞいた。この時、すでに日が暮れていたのだが、妹は突然、化粧をはじめ、衣装箱から晴着を取り出した。家族がどうしたのか

とたずねると、

「姉さんが鏡の中から私を呼んでいるのです。着替えをすませたら、一緒に出かけます」

と答えた。皆は驚いて鏡をのぞいたが、特別なものは映っていなかった。

妹は鏡に向かって楽しそうに話しかけた。正気を失っているようにしか見えなかった。

妹は着付けを終えると、

「めまいがする」

と言って倒れ、しばらくして死んだ。

姉が葬られる時、情人であった下僕も家人とともに墓へ行った。下僕は誰かに呼ばれているような気がして、墓の周りをぐるぐると数十遍も回った。やがて、

「奥様が呼んでいる」

と叫んで、墓の前に突っ伏した。起き上がらないので、ほかの下僕が助け起こすと、すでにこと切れていた。

慶元元年（一一九五）四月のことであるという。


（宋『夷堅志』）

六十八話　同名異姓

北魏の永平年間（五〇八〜五一二）初めのことである。福感寺に恵進《えしん》という僧侶がいた。ある朝早く、資福院という寺を訪ねると、山門の前で一人の大男と出会った。全身が藍色で、すこぶる獰猛な顔つきをしている。大男は恵進の姿を見るなり、ものすごい勢いで向かってきた。恵進は大男から逃れようと必死に走った。竹簀橋《ちくさくきょう》まで来たところで、民家を見つけ、助けを求めて逃げ込んだ。すると、大男も後を追って民家に飛び込んできた。そして、恵進の襟首をつかんで引きずり出した。

恵進は手を合わせて祈った。

「仏陀よ、愚僧をお助け下され」

その時、大男は不思議そうな顔をしてこうたずねてきた。

「和尚、姓は何という？」

「王でございます」

恵進が答えると、大男は、

「名は同じだが、姓が違う」

と言って手を放し、いずこへか立ち去った。

恵進は解放されてからも震えが止まらず、しばらくその民家で休んでから寺に戻った。その晩、姓は違うが、同じく恵進という名の僧侶が病でもないのに死んだ。

（五代『録異記』）

六十九話　髪を梳く女

北京の阜城門《ふじょう》内に一軒の凶宅があった。住人が次々に恐ろしい目に遭って死ぬので、今では空き家になっていた。

護軍の永なにがしは日頃から豪胆《ごうたん》を自負していた。同僚達がこの凶宅で肝試しをしようと言い出した。一晩過ごすことができた者には褒美を出す、と約束した。すると、永は胸を叩いて言った。

「おれをおいて誰がいるっていうんだ？」

彼が自ら志願したので、やらせてみようということになった。

日が暮れてから、永は酒と肉を携えて凶宅に乗り込んだ。二更（夜十時頃）を回る頃には、かなり酔っていた。気の大きくなった永は、剣を抜いて柱を殴りながら、

「幽霊がいるのなら、どうして姿を見せないんだ。一体、どこに隠れてやがる」

と大声で怒鳴りたてたが、返事をする者はない。永は大笑いした。出もしない幽霊を待つのをやめて、寝ることにした。

うとうとしはじめた時、かすかに物音が聞こえた。足音のようであった。永が辺りを見回すと、向こうの部屋から灯りがもれていた。飛び起きて剣を執ると、足音を忍ばせ

て近寄った。そして、扉の隙間からそっとのぞいてみた。驚いたことに灯火の下で、頭のない女が髪を梳いていた。

女は膝の上に自分の頭を置いて、片手で支えながらもう一方の手で髪を梳いていた。その両の目は炯々《けいけい》と輝き、じっとこちらを見つめている。

永は恐怖のあまり凍りついた。逃げようにも金縛りにあったように一歩も動けない。女が髪を梳き終わった。女は両手で耳を持って頭を持ち上げ、自分の首にすえつけた。そして、さっと立ち上がると、こちらに向かって歩き出した。

さらなる恐怖心が永の体を自由にした。永は転がるようにその場を逃げ出し、階段で本当に転がった。その時、隣家はものすごい音を耳にした。隣家の通報を受けて兵士が急行すると、階段の下で永がはいつくばっていた。手足は傷だらけであった。永が目撃したところを語ると、皆、恐怖に震え上がった。

永はこの夜の体験があまりに恐ろしかったせいで、病床に臥せる身となり、数日もの間、起きることもできなかった。ようやく回復して職場に戻ると、同僚達にあざ笑われた。以来、彼は豪胆を自慢しなくなった。

（清『夜譚随録』）

七十話　宋術士

宋術士《そうじゅつし》という占い師がいた。労山（山東省）で修行したという触れ込みであった。

某郡の学生が郷試に赴くことになり、宋術士を訪ねて成否を占ってもらった。宋術士が、

「試験については、別料金となっております」

と多額の謝礼を要求すると、学生は、

「看板に見料が書いてあるではないか。それ以上はびた一文払わんぞ」

と怒鳴りつけて、出て行こうとした。宋術士はその背中に向かって言った。

「後でどんなことになっても知りませんぞ」

その夜、学生が灯火の下で『易経』を読んでいると、戸外で風の音がした。続いて何かが帳を掲げて入ってくる気配がした。見れば、手に刀を持った化物がこちらに突進して来る。学生が『易経』を投げつけると、化物は床に倒れて紙の人形に変わった。

不思議に思っているところへ、また化物が飛んで来た。これにも『易経』を投げつけると、床に落ちて紙人形になった。四更（夜中の二時頃）になり、今度は白刃を手にした女の化物が襲ってきた。これにも『易経』を投げつけた。これも紙人形に変わった。

紙人形は全部で三枚あった。二枚は男、一枚は女の姿をしていた。

翌朝、宋術士の家で一晩のうちに三人が死んだといううわさが耳に入った。死んだのは二人の息子と一人の娘であった。聞くところによれば、宋術士は紙を切って人形を作り、それに自分の子供達の魂をのり移らせて、学生を襲わせたのであった。しかし、学生に撃退されて人形が戻れなくなり、子供達の魂も戻れなくなったのであった。

宋術士は他人に危害を与えようとして、かえって自分の子供を死なせてしまったのである。

（清『聞見異辞』）

七十一話　望み

杭州の民家には厠《かわや》はなく、おまるを用いる。毎日、おまるの中身を空ける。これを「傾脚頭《けいきゃくとう》」と言う。

杭州に貧しい男がいた。傾脚頭を生業《なりわい》とし、いつも横河橋《おうがきょう》の許氏の邸に出入りしていた。許氏は富豪で、男は邸に入るたびに、

「おらあ、死んだら数日でいいから許さんちに生まれ変わりたいなあ」

と言っていた。

後に許氏の一族の嫁が妊娠した。いよいよ産まれるという時に、夢にくだんの男が現われ、そして、子供が産まれた。人をやって尋ねさせると、子供が産まれた日に男が死んだことがわかった。許氏は男の言葉を聞いていたので、男が生まれ変わったのだろうと思った。

子供は生まれて七日後に死んだ。

（清『右台仙館筆記』）

七十二話　狼

太原（山西省）の王含《おうがん》は振武軍都将という役職にあった。その母、金氏は胡人の生まれで弓馬の術に長け、荒々しいことで名高かった。常に弓を手に矢を腰につけ、深山に馬を駆っては熊や鹿、狐、兎などを仕留めた。人々は皆、その武勇を恐れはばかり、畏怖の念を抱いていた。

さすがの女傑も七十余歳になると寄る年波で病がちになり、いつも一室に閉じこもっていた。人がそばにいるのを嫌がり、腰元さえもしりぞけた。夜は自室にしっかりとかんぬきをかけて、寝るのであった。年を取るほどに怒りっぽくなり、ささいなことで腹を立てては人をむち打った。

ある夜のことである。すでに戸締りもすませた頃、金氏の部屋からガリガリと妙な音が聞こえてきた。不審に思った家人が様子を見に駆けつけてみると、金氏の部屋から一頭の狼が姿を現わし、そのまま門のすき間から出て行った。狼は明け方近くになって戻ってきた。そして、部屋に入った後、かんぬきをかける音がした。恐ろしくなった家人は王含にこのことを告げた。

夜になり、王含が母親の部屋の様子をうかがっていると、果たして家人の言う通り狼が現われた。武人である王含でさえもその恐ろしさを隠せなかった。

その朝、金氏は王含を呼び寄せて鹿を買って来るように命じた。王含が町で買い求めた鹿肉を調理して母のもとへ持っていくと、金氏はこう言った。

「わしが欲しいのは生きている鹿じゃ」

王含は生きている鹿をどうするのか不思議に思ったが、母親の命には逆らえず、あらためて生きている鹿を買い求めた。金氏は息子がそばにいるのもかまわず、鹿ののど笛にかじりつき、またたく間に食い尽くしてしまった。

王含は口を血まみれにして鹿の生肉を食らう母のあさましい姿に、ますます恐怖の念を抱いた。家人は寄り集まっては、金氏の変貌ぶりをひそひそと耳打ちし合った。たまたまこのことを耳にした金氏は恥じ入った。

その夜、戸締りをしてから家人が金氏の部屋の様子をうかがっていると、狼が一頭、扉を破ってそのまま外へ飛び出して行った。その日を境に、狼は二度と戻ってこなかった。

（唐『宣室志』）

七十三話　余杭の広

東晋の升平年間（三五七～三六一）末のことである。

故章県《こしょう》（浙江省）の老人が一人娘とともに山奥で暮らしていた。余杭《よこう》（浙江省）の広という男が娘を妻にもらいたいと申し込んだが、老人は許さなかった。やがて老人は病で死に、娘が町へ棺を買いに行った。その途中、広と出会った。娘は広に父が死んだことを話し、

「家には誰もおらず、不用心です。私が戻るまで、家で父の遺骸の番をしてくれませんか。そうして下さったら、あなたの妻になります」

広が承諾すると、

「柵の中に豚がいますから、殺して料理しておいて下さい」

と娘は言って町へ向かった。

広が家へ行くと、中から手を叩きながら騒ぐ声が聞こえてきた。

「わっしょい、わっしょい！」

生け垣をかきわけてのぞいて見ると、大勢の幽鬼が老人の死体を担いで踊り回っていた。

「こらっ！」

広が杖をふり上げて飛び込むと、幽鬼達はいっせいに逃げ散った。広は娘に言われたとおり豚を殺し、老人の死体の番をした。

夜になると、年老いた幽鬼が死体のそばに来て、手を伸ばして言った。

「肉をくれんかのう」

広がいきなりその腕をつかんだ。幽鬼が逃げようともがいたので、広は逃がすまいと力をこめた。外から、幽鬼のはやし立てる声が聞こえてきた。

「老いぼれめ、いやしいからこんなことになるのさ。いい気味だ」

広は幽鬼を引き寄せて怒鳴りつけた。

「この家の親父を殺したのはお前だな？　放してほしければ、さっさと魂を返せ。返さなければ、ずっとこのままだぞ」

すると、幽鬼はヒイヒイ泣きながら答えた。

「殺したのは息子達だよ」

そして、幽鬼は息子達に老人の魂を返すよう命じた。やがて、老人が息を吹き返したので、広は幽鬼の腕を放してやった。

そこへ娘が棺を運んで戻ってきた。見れば、父親が生き返っている。

「ああ、お父さん」

娘は涙を流して喜んだ。

広は約束どおり、娘を妻とした。

（六朝『幽明録』）

七十四話　冤鬼

南宋の宝祐元年（一二五三）のことである。端陽《たんよう》に陳という男がいた。生薬の行商人を殺して、積荷の薬をすべて奪い取った。行商人の下僕と共謀したことであった。下僕には分け前を与えて去らせた。

陳は戻って薬屋を開業した。いよいよ開店の日に薬の包みを開くと、中から殺した商人の首が転がり出た。陳が驚いて別の包みを開けると、またもや首が転がり出た。次々に包みを開けたのだが、そのどれからも首が転がり出た。

陳は恐怖のあまり跳び上がるなり死んだ。

（元『湖海新聞夷堅続志』）

七十五話　哥舒翰

哥舒翰《かじょかん》は若い頃、高い志を抱き、長安の多くの豪傑と交友を結んでいた。新昌坊に住んでいた時、崇仁里《すうじんり》に妾の裴六娘《はいろくじょう》を囲った。六娘は類まれな美女で、舒翰はこれを熱愛した。

しばらくして、舒翰は所用で畿内を旅することになった。長安に戻ったのは数ヵ月後のことであった。舒翰は戻ると、その足で妾宅を訪ねた。しかし、愛しい六娘の姿はなかった。家族から六娘は病にかかり、舒翰が戻る直前に死んだと告げられた。舒翰は棺の前に坐り込んで、人目をはばかることなく泣いた。ようやく涙を収めた時には、日が暮れていた。すでに木戸が閉じられていたため、その晩は六娘の家に泊まることにした。空いている部屋は棺の安置された広間だけであった。気づかう六娘の家族に向かって、

「六娘はおれの最愛の女だ。死んでいようがいまいが、その気持ちに変わりはない。喜んで夜伽《よとぎ》をしよう」

と言って広間に残った。

一人になった舒翰は六娘を失った悲しみに眠れなかった。夜も更けて眠れぬままに庭をながめやれば、冴えた月明かりが皓々《こうこう》と照りわたっている。ながめるうちに、舒翰の

胸に新たな悲しみがこみ上げてきた。その時、門の目隠しの間からこちらをのぞく黒い影が見えた。その影はしばらくあたりをうろうろしてから、庭に入ってきた。月明かりに照らし出されたのは、一匹の夜叉の姿であった。

身の丈は一丈（この時代の一丈は約三・一メートル）あまりで、豹皮のふんどしを締めていた。耳まで裂けた口からはのこぎりのような歯が伸び、髪はぼさぼさであった。その後に続いて、三匹の夜叉が入ってきた。月明かりの下で、四匹の夜叉は赤い縄を引っ張り合いながら舞い踊った。

夜叉の一匹が言った。

「寝台の貴人はどうしてる？」

すると、別の一匹が答えた。

「もう寝てるよ」

四匹は広間に入って棺を担いで外へ運ぶと、ふたをはねのけて六娘の亡骸を引きずり出した。そして、亡骸を引き裂き、車座になって遺体をむさぼり食った。屍衣が投げ捨てられ、血が庭に流れた。

舒翰は六娘の亡骸に狼藉《ろうぜき》が加えられるのを見ることは耐えがたかった。しかし、あまりの恐怖に体の力が抜け、声を出すこともできなかった。その時、ふと夜叉達が自分を「貴人」と呼んでいたことを思い出した。

「貴人と呼ぶからには、殴りかかったところで、手向かいはしないはずだ」

舒翰は寝台のそばにあった竿《さお》をつかんで叫んだ。

「夜叉め、ぶちのめしてやる！」

驚いた夜叉は逃げ出した。舒翰が竿をふり回しながら庭の西北の隅まで追うと、夜叉は塀をよじ登って逃げた。最後の一匹が竿で殴られたが、血を流しながらも何とか逃げることができた。

六娘の家族が騒ぎを聞いて集まってきたので、舒翰は事情を話して聞かせた。夜叉が食い散らした亡骸の残りを納めようと、広間に入ると、棺は元のままで狼藉の跡はどこにも見られなかった。

「あれは夢だったのか？」

舒翰が西北の隅の塀の下へ行くと、血の跡があった。

数年後、果たして舒翰は栄達した。


（唐『通幽記』）

七十六話　棺の中の手

蕭山《しょうざん》（浙江省）の陳景初《ちんけいしょ》は長く天津に滞在した。後に郷里に戻ったのだが、その途中、山東を通った。当時、山東地方は飢饉に見舞われ、餓死者は数え切れないほどであった。旅籠もすっかりさびれ果て、泊まれるような状態ではなかったので、寺に投宿することにした。

景初が泊まった僧房には東西に脇部屋があった。東の脇部屋にはみすぼらしい棺が三十あまりも積み上げられていたが、西側には立派な棺が一つ置いてあるだけであった。三更（夜中の十二時頃）を過ぎた頃、棺のふたのすき間から一本ずつ手が伸びてきた。いずれも黄色くしなびはてていたが、西側の棺から伸びた手は白くてむっちりと太っていた。景初は日頃から豪胆で鳴らしていたので、恐れる風もなく、左右を見回して笑った。

「お前らは貧乏幽鬼だな。手元不如意で物乞いか。よし、待ってろ」

そう言うと、巾着を開いて、手のひらに銭を一枚ずつ載せてやった。東側の棺の手は銭をもらうなり、すぐに引っ込んだのだが、西側の棺の手は出したままである。

「ふむ、銭一文ではご不満のようだな。よし、おまけしてやろう」

と言って一枚ずつ銭を載せていった。百枚載せたのだが、手が引っ込む気配はなかっ

た。景初は怒って、

「何とあつかましい幽鬼だ。これでも足らないか？」

と言うと、銭さしを二本、載せてやった。すると、手はやっと引っ込みはじめた。景初が灯りで照らしてみると、東の棺にはすべて「飢民某（餓死した民某）」と書いてあったが、西の棺には「某県典史某公之棺（某県の典史《裁判を担当する官》某公の棺）」と書いてあった。

「なるほど、飢え死にした民百姓にはささやかな望みしかないから、一銭で満足する。しかし、役人だった者は、もらいなれているから、ちょっとやそっとの銭では満足しないというわけか」

その時、チンチンと銭のぶつかる音がした。見れば、棺のふたのすき間がせまいため、銭さしが引っかかって入らないのであった。それでも無理に引っ込めようとしたところ、銭さしのひもが切れて床に散らばってしまった。典史の手はあたりを探ったが、一枚も拾うことができなかった。

景初はにらみつけて笑った。

「欲を張り過ぎるから、そうなるのだ。ほかのやつらはちょっとで満足したから、皆、銭を一枚、手に入れたぞ」

手はなおも銭を探っているので、景初はその手を払いのけた。

「お前は生きている間は二さしの銭のために正義を枉《ま》げて、無実の者を罪に陥れて、さぞかし銭を貯め込んだことだろう。それなのに、まだこんなみっともない姿をさらす気か」

その言葉に答えるかのように、東側の棺からため息が聞こえてきた。典史の手も引っ込んだ。

夜が明けると、景初は出発した。その際、床に散らばった銭はすべて宿代として住職に贈った。

（清『諧鐸』）

七十七話　離れの怪

双林鎮《そうりんちん》の呉服商が商用で呉門（江蘇省）へ赴く途中、旅籠に宿を取ろうとしたところ、

「満室です」

と断わられた。商人はへとへとに疲れていたので、

「長椅子を一つ貸してくれれば、それで結構です」

と頼み込んだ。そこまで言われては、主人も断わるわけにもいかず、

「ずっと手を入れていない離れならありますが、それでもよろしいですか？」

商人はほかに宿を探すよりはましだと思い、

「一晩、休むことができるなら、どんなところでもかまいません」

と答えた。

商人はほこりだらけの小屋を想像していた。しかし、実際に通されたのはこぢんまりとした離れであった。掃除もきちんと行き届いており、調度もそろっていた。商人は安心して疲れた体を横たえた。

三更（夜十二時頃）を過ぎた頃のことであった。扉のきしむ音が聞こえ、誰か入ってくる気配がした。こんな時間に相客だろうか、商人はそう思って目を開けた。

二十歳あまりの絶世の美女であった。緑の黒髪を結い上げ、たいそう色っぽいまなざしで商人を見つめた。商人は主人がここに女でも囲っていて、客の夜伽《よとぎ》をさせにきたのかと思った。美女が近づこうとしたので、商人は厳しい口調で追い払った。

「出て行け」

美女は悲しそうな様子で、立ち去った。

朝になって、商人が主人に美女のことを話すと、

「やっぱり出ましたか」

と言われた。美女の正体は首を吊って死んだ幽鬼で、身代わりを求めて化けて出るのだという。商人が美女の誘いに乗っていたら、殺されていたかもしれない、とのことであった。

（清『壺天録』）

七十八話　吸血僵屍

呉江（江蘇省）の劉秀才が元和県（江蘇省）の蒋氏の家塾で教えていた。清明節に劉秀才は休暇をもらって、呉江へ墓参りに戻った。劉秀才は墓参りを終えると、すぐに元和に戻ることにした。

「明日は友人の家を訪ねたら、そのまま船で元和に戻ることにするよ。朝食は早めにしてくれ」

妻は夜明け前に起きて朝食の用意をした。劉秀才の家は裏に山があり、前は河が流れていた。妻は河で米をとぐと、裏の畑で菜っ葉を摘んだ。朝食の用意ができ、夜が明けたが、劉秀才は起きてこない。妻は寝室へ起こしに行った。

「あなた、あなた、朝ごはんの支度ができましたよ。今日中に元和に戻るんでしょう。早く起きて下さい」

何度か呼びかけたが、返事がない。寝台の帳をめくると、劉秀才が横を向いて寝ていた。

「具合でも悪いんですか？」

妻は肩に手をかけて起こそうとした。驚いたことに劉秀才の肩から上がない。首がもぎ取られているのである。不思議なことに、血は一滴も流れていなかった。妻の悲鳴で、近所の人達が集まってきた。

皆は劉秀才の留守中に妻が間男を作り、邪魔になった夫を殺したのだろう、と思い、役所に訴えた。早速、役人が検視に来た。役人は殺人なのに血が一滴も流れていないことを奇妙に思った。また、遺体にも一滴の血も残っていなかった。ひとまず劉秀才の遺体を納棺し、妻を捕らえて取り調べた。しかし、何の手がかりも得られないままに、数ヶ月が過ぎた。

後に隣家の住民が裏山へ木を伐りに入って、古い塚の盛り土が崩れ、棺がむき出しになっているのを見つけた。棺は少しも朽ちていなかったのだが、ふたがわずかにずれていた。その人は墓泥棒かもしれないと思い、急いで近所に知らせた。

皆で山に入って棺のふたを開けてみると、中には死体が横たわっていた。死体は少しも腐らず、まるで生きているようで、全身を白い毛が覆っていた。死体は僵屍《キョンシー》になっていたのである。僵屍は両手で人の首をしっかりと抱きしめていた。それは劉秀才のものであった。驚いた人々は役所に訴えた。

役人は僵屍の手から劉秀才の首をもぎ離すよう命じた。しかし、僵屍の両手はしっかりと組み合わさっており、数人がかりでも引き離すことはできなかった。そこで斧で死体の腕を切り離すことにした。斧を腕に振り下ろすと、鮮血が流れ出た。あやまって劉秀才の首も傷つけたのだが、一滴の血も流れなかった。おそらく僵屍が一滴あまさず吸い尽くしたのであろう。役所の命令で、僵屍は焼かれた。

劉秀才の妻の疑いは晴れ、その日のうちに釈放された。

（清『続子不語』）

七十九話　虎になった男

荊州《けいしゅう》（湖北省）の山中をある男が歩いていて、倀鬼《ちょうき》と出くわした。倀鬼とは虎に食われた人間の迷った魂で、虎に仕え、人を襲うための手引きをさせられているものである。倀鬼が男に虎の皮をかぶせると、男の姿はたちまち大きな虎に変じた。虎となった男は倀鬼に指図されるまま、数え切れないほどの家畜や人間を襲って食い殺した。このようにして三、四年が過ぎた。

男は体こそ虎になったものの、心はまだ人間のままであった。しかし、倀鬼に指図されると、自然に体が動き、気がつけば、血にまみれた獲物を食らっていた。

後に、男は倀鬼に連れられて、ある寺の山門の前を通りかかった。

「逃げるなら今しかない」

男は山門に駆け込み、一番近くの僧房の床下に身を隠した。僧房の主である僧侶は驚き恐れ、住持に知らせた。

「と、虎が飛び込んでまいりました」

たまたま、この寺に修行を積み、野獣を折伏《しゃくぶく》する術に長けた禅師が滞在していた。禅師は虎の隠れているところに来ると、錫杖《しゃくじょう》で床を突いた。

「弟子よ、お前は何をしにここへ来たのだ？　人を食うためか？　それとも、獣であることがいやになったのか？」

　虎は涙を流しながら床下から出て、禅師の前に跪いた。禅師は手巾《ハンカチ》を虎の首に巻きつけ、自分の僧房へ連れ帰った。そして、虎に人間と同じ食べ物を与えた。

　半年が過ぎると、体中の毛が抜け落ち、男は人間の姿に戻った。そして、自分が虎になったいきさつを話した。男は二年の間、寺から一歩も出なかった。

　ある日、男は寺に駆け込んでからはじめて山門の外へ出た。久しぶりに歩く山道はとても気持ちよかった。

「虎だった時には、一日に何十里も山道を駆けてたなあ」

　そう思いながら伸びをした時、目の前にあの倀鬼が現われた。

「ずいぶん捜したよ」

　倀鬼は男に飛びかかって虎の皮をかぶせた。男はあわてて寺の中に逃げ帰った。すでに皮は腰までかぶせられており、男はまた虎になってしまった。しかし、一心に経文を唱えたところ、一年あまりで人間の姿に戻ることができた。

　男は死ぬまで二度と山門の外に出なかった。


（唐『広異記』）

八十話　口を吸う死体

洛川県（陝西省）の男が死んだ。親族が集まって通夜をした。その夜中、皆が寝ていると、突然、死体が起き上がった。死体は寝ている人の口を吸って回った。

一人が目を覚まし、死体が歩いているのを見て驚いた。その人は外へ出ると、扉を押さえつけて、死体が出られないようにした。すると、死体が中から扉をものすごい力でグイグイ押し返してくる。扉を隔てて押し合っているうちに、夜が明けた。

翌朝、集まってきた人々は、通夜の客と死体とが扉を隔てて押し合っているのを見つけた。死体に犬の血を注ぐと、ようやく倒れた。

一月も経たないうちに、口を吸われた者は皆死んだ。

（明『棗林雑俎』）

八十一話　騾馬

金の大定年間（一一六一～一一八九）のことである。武清《ぶせい》（河北省）に趙士詮《ちょうしせん》という商人がいた。いつも西京（山西省）へ商いに出かけ、途中、白登《はくとう》（山西省）に立ち寄り、たびたび張孝通《ちょうこうつう》の家に泊まっていた。やがて、その妻と不義の関係となった。このことを知った孝通は激怒し、士詮を殺す機会をうかがっていた。

ある日、士詮を酔わせると、息子の定国《ていこく》に手伝わせて絞め殺した。死体は野原に捨てた。

士詮には息子があり、これが戻ってこない父親の消息を求めて孝通のもとを訪ねた。孝通は白忠友《はくちゅうゆう》という人と敵対していたので、これに罪をかぶせてやろうと思い、士詮の息子に、

「親父さんの行方なら白忠友が知ってるはずだ」

と吹き込んだ。

息子は役所に訴え、忠友は殺人の容疑で捕らえられた。忠友は手ひどい拷問を受け、士詮殺しを認めたのだが、なかなか結審しなかった。

年号が明昌（一一九〇～一一九六）に替わり、忠友の妻は都へ夫の無実を訴え出た。朝廷では賈守謙《かしゅけん》を白登に派遣して、事件の再調査をさせることとした。

守謙は自ら住民のもとを訪れて、変わったことはないかとたずねた。すると、一人が、

「近頃、妙なことがありまして……」

と語り出した。

ある時、孝通と息子の定国が騾馬で出かけた。途中、道端の木陰で休んでいると、騾馬が勝手に草を食べに行こうとしたので、定国が怒ってむちで打とうとした。すると、騾馬は突然、人間の言葉で、

「趙さんを殺した上に、おいらのこともぶつつもりかい？」

と言った。孝通父子は青ざめた。

別の日に息子の妻が水を騾馬に飲ませていると、騾馬がまた人間の言葉を発した。

「あんた達は人殺しの罪を、白さんになすりつけたんだ」

孝通父子は人に知られることを恐れ、騾馬を殺したのだが、すでに近隣でこのことを知らない者はいなかった。

守謙は都に戻って、騾馬の怪異を報告した。朝廷は刑部の孫なにがしを早馬で白登へ派遣し、孝通父子を捕らえさせた。孝通父子は厳しい詮議を受けて、士詮殺しを自白した。


（金『続夷堅志』）

八十二話　秦進忠の死

呉の天祐《てんゆう》丙子の年（九一六）、浙西《せっせい》の軍士周交が反乱を起こし、大将の秦進忠《しんしんちゅう》や張胤《ちょういん》ら十人あまりを殺した。

秦進忠は若い頃、怒りに駆られて少年奴隷の心臓を一突きにして殺したことがあった。死体はそのまま裏庭に埋めた。その晩年になると、常にこの奴隷の姿を見るようになった。奴隷が胸を押さえたまま、じっと進忠を見つめているのであった。

はじめのうちは百歩離れたところに立っていたのだが、現われるたびに少しずつ近づいてきた。反乱の起こった日、秦進忠が家を出ようとすると、馬の前に少年奴隷が立っていた。この時ばかりはほかの者にも見えた。出仕すると、ちょうど騒動の最中で、秦進忠は乱兵に胸を一突きにされて死んだ。

秦進忠と一緒に死んだ張胤は、その一月ほど前から、自分の名前を呼ぶ声を聞いた。遠くから聞こえたが、とてもはっきりしていた。声はだんだん近くなり、反乱の当日にはすぐ耳元で呼ぶように聞こえた。彼も進忠と同じく乱兵に命を奪われた。

（宋『稽神録』）

八十三話　訪ねてきた友人

唐の大中二年（八四八）、邢群《けいぐん》が洛陽（河南省）の邸で重い病にかかった。邢群の親友の朱瑄《しゅかん》が淮海従事を免職されて洛陽近郊に戻っていたのだが、同じ頃、病床に臥せっていた。

ある日、邢群が寝ていると、門を叩く者がある。見に行かせると、朱瑄が馬に乗って訪ねてきていた。邢群は喜んで朱瑄を迎え入れた。

「君は病気だと聞いていたけど、よくなったんだね。元気そうで安心したよ」

そう言うと、朱瑄は笑って答えた。

「ああ、今ではすっかりよくなったんだ。君の方も心配することはないよ。一日、二日もすれば治るさ」

朱瑄はしばらく歓談してから、立ち去った。

果たして、朱瑄の言葉どおり、邢群の病はすぐに癒えた。そして、朱瑄が邢群を訪ねて来たその時刻に死んだことを知った。

（唐『宣室志』）

八十四話　馬奉忠

　唐の元和《げんな》四年（八〇九）、憲宗が反乱を起こした節度使王承宗《おうしょうそう》を討伐する命令を下した。中尉の吐突承璀《とつしょうさい》が恒陽《こうよう》で得た捕虜三十人を宮城に献じた。勅命で捕虜はすべて東市の西坡《せいは》にある資聖寺の近くで斬られることとなった。

　東市に近い勝業坊に王忠憲《おうちゅうけん》という者が住んでいた。自身は宮城を警護する羽林軍《うりんぐん》に属し、弟の忠弁《ちゅうべん》は従軍して恒陽にいた折に、反乱軍の攻撃を受けて戦死していた。忠憲はこのことを深く怨み、恒陽の捕虜が処刑されると聞くと、刀を帯びて資聖寺へ行った。処刑が終わると、忠憲は目の前にあった捕虜の死体から心臓をえぐり出し、両腿の肉を切り取り、持ち帰って食べた。

　その夜、紫色の衣をまとった男が忠憲の家を訪れた。男は、

「私は馬奉忠《ばほうちゅう》だ」

　と名乗った。忠憲が、

「何をしに来たのか？」

　とたずねると、男は逆に、

「どうして私の心臓をえぐったのだ？　どうして私の肉を切り取ったのか？」

と問うてきた。忠憲はもしかしたら自分が肉を食べた捕虜ではないかと思い、

「お前は幽鬼なのか？」

と問うと、男は答えた。

「そうだ」

忠憲は相手が幽鬼と聞いてもひるまなかった。

「私の弟はお前達逆賊に殺された。その仇を戦場で取ることができないから、こういう形で取っただけだ。怨まれる筋合いはない」

すると、男は反論してきた。

「我ら恒陽の反乱軍は確かに国賊だ。だから、私は死んで国にわびたではないか。汝の弟が恒陽の反乱軍に殺されたのなら、その責任は命令を下した反乱軍の総大将にあるはずだ。それに、私は汝の弟を殺していないぞ。どうして、私をその仇とみなすのか。『父と子の罪は互いに関わりがない』という道理を知らないのか？　相手構わず仇を取ろうなんて、やりすぎだ。さあ、私の心臓を返せ、私の腿の肉を返せ。そうすれば、許してやる」

滔々《とうとう》と理屈を並べ立てられて、忠憲は恐ろしくなった。

「一万銭で許してもらえまいか」

「金で解決のつくことか。代わりに汝の歳月をもらおう」

そう言って姿を消した。

忠憲は早速、供物と一万銭分の紙銭を整えて、資聖寺へ行って奉忠の魂を弔った。

一年後、忠憲の両腿は次第にやせ細り、わけのわからないことを口走るようになった。まるで錯乱した人のようであった。三年後に忠憲は死んだ。

（唐『博異志』）

八十五話　貧富の差

西湖の徳生庵の裏門の外側には、千以上もの棺が預けられている。あまりにも数が多いので、山のように積み上げてあった。

以前、袁枚《えんばい》がこの庵に部屋を借りていたことがあった。その時、住持にたずねた。

「ここでは幽鬼の祟りはありますか？」

住持はこともなげに答えた。

「ここにいる幽鬼は裕福ですから、静かなものですよ」

袁枚はにわかに信じられなかった。

「しかし、棺はあんなにたくさんありますよ。町にそれほど金持ちがいるはずありませんから、ここの幽鬼が皆、裕福というのはちょっと信じられないのですが。それにいつまでも埋葬せずに預けっぱなしなのですから、裕福とは言えないのではないでしょうか」

するど、住持は笑って、

「いえいえ、裕福というのは生きている間のことではありませんよ。死後に供え物をして祭ってもらったり、紙銭を焼いてもらったりするのを裕福というのです。ここにある千あまりの棺はずっと埋葬もせず預けたままですが、毎年節季ごとに私どもが必ず布施を集めて供養をし、盂蘭盆会を行い、何千何万もの紙銭を焼いております。こうして幽鬼達は存分に飲み食いできるので、悪いことをする気も起こりません。人間に置きかえてごらんなさい。生きている人間が盗みや詐欺を働くのは、すべて飢えと寒さから逃れるためでしょう。人前に現われる幽鬼に立派な身なりをして、ふくよかな顔つきをしたのがありますか？　たいてい祟りをなす幽鬼は髪をふり乱して歯をむき出した、貧相な身なりをした幽鬼ですよ」

そう言われてみると、至極もっともに思われた。

袁枚は一ヶ月あまり、この庵に滞在したが、下僕や女中が闇夜に幽鬼の泣き声を聞くことはなかった。

（清『子不語』）

八十六話　竇氏

南三復は晋陽（山西省）の由緒ある名門の出で、大地主であった。本宅から十里（この時代の一里は五八〇メートル）あまり離れたところに別荘があり、三復は毎日馬で通っていた。

ある日、別荘に行く途中、小さな村を通りかかった時、雨に降られた。路傍に一軒の農家があり、門内がなかなか広かったので、馬をつないで雨宿りをすることにした。三復が扉を叩くと、主人が顔を出した。主人は三復の姿を見るなり、

「これは、これは、旦那様」

と、招き入れた。

この辺りの人々は皆、南家を敬っていた。この家の主人も例外ではなく、丁重に三復をもてなした。家の中は手狭であった。三復が当然のように上座に坐ると、主人は箒でその周囲を丁寧に掃き清めた。それから、蜜を垂らした茶を運んできた。

三復が茶を飲む間、主人はそばにかしこまって突っ立っていた。三復に坐るように言われて、主人はようやく遠慮がちに粗末な椅子に浅く腰かけた。姓名をたずねると、

「廷章《ていしょう》と申します。竇《とう》姓でございます」

とのこと。廷章はひな鳥を煮たり、酒を出したりして、貧しい農家にしては破格のもてなしをした。厨房の入り口に時折、娘の姿が見えた。年の頃は十五、六、身なりこそひなびていたが、たいそう艶やかであった。三復は娘の美しさに心を奪われた。やがて雨も止み、三復は廷章に礼を述べて帰宅したのだが、娘の姿が目に焼きついて離れなかった。

翌日、三復は穀物や絹を持参して、あらためて廷章の家へ礼を言いに行った。以来、しばしば酒や料理を携えて廷章の家を訪れ、世間話などをするようになった。これも娘に近づくための方便であった。娘ははじめのうちは三復が来ると慌てて厨房に隠れていたが、次第に慣れてきて、三復の前で立ち働くようになった。三復がじっと見つめると、娘は恥ずかしそうにうつむいて微笑むのであった。三復はますます心を惹かれ、是非とも娘を手に入れたいと思った。

ある日、三復が行くと、廷章は留守で娘が出てきてもてなした。三復はその手を握って、抱き寄せた。娘は頬を紅に染めて、三復を押しのけた。

「あたしは、お嫁に行く身ですよ。貧しい家の娘だからといって、馬鹿になさらないで下さい」

三復は妻を亡くしたばかりだったので、娘に向かって恭しく礼をした。

「私に妻はいない。君がその気になってくれるなら、正式にうちに迎えるつもりだ」

娘は正式に夫婦となることを誓うよう求めた。三復は、

「あのお日様にかけて誓う。君以外の女を娶ることは決してしない」

三復に何度も誓わせた後、娘はようやく体を許した。以来、三復は廷章をうかがっては上がり込み、娘の体を求めた。娘は曖昧な関係を続けることに不安を感じ、しばしば、

「人目を忍ぶ仲はいつまでも続くものではありません。両親だって、あなたが結婚して下さると聞けば、喜びます。早く話をまとめて下さい」

と、三復に縁談を申し込むよう促した。

「それは考えているよ」

そうは答えたものの、三復は農家の娘を娶る気などなかった。そこで、適当にごまかしながら、娘との関係を続けた。

その頃、三復にさる大家の娘との縁談が持ち込まれた。三復は廷章の娘のこともあり、はじめはためらっていたが、相手が美人で金持ちだと聞くと、乗り気になった。

同じ頃、娘は身ごもっていることに気づき、ますます三復を急かすようになった。三復はこれをしおに廷章の家へ行くことをやめた。三復はまるでぼろ切れのように娘を捨てたのであった。

まもなく、娘は男の子を生み落とした。廷章は娘のふしだらを怒って、激しく鞭打った。娘は泣きながら相手が三復であることを打ち明けた。

「あの方はあたしを後添いに迎えると約束してくれました」

廷章が三復のところへ人をやって確かめさせたところ、

「そんな約束などしていないし、もちろん子供の父親でもない」

という答えが返ってきた。廷章は赤ん坊を外に放り出し、いっそう激しく娘を折檻した。

娘はすきを見て、隣家の女房に三復への言伝を頼んだ。

「あたし達母子を助けて下さい」

三復は知らぬふりを決め込んだ。

その夜、娘は家を抜け出した。捨てられた赤ん坊はまだ生きていた。娘は赤ん坊を抱きしめて泣いた。

「この子に何の罪があるというの」

娘は赤ん坊を抱いて三復の家へ走った。門番に三復への取次ぎを頼んだ。

「旦那様が一言おっしゃって下さりさえすれば、あたし達は死なないですむのです。あたしを見捨ててもかまいません。でも、この子は旦那様の実の子です。実の子を見捨てるおつもりですか」

門番が娘の言葉を伝えると、三復は、

「どこかの頭のおかしい女だろう。絶対に中に入れるな」

と言いつけた。

娘は赤ん坊を抱いて坐り込み、固く閉ざされた門扉に寄りかかって泣いた。五更（午前四時頃）になって静かになったので、門番が扉を開けると、娘と赤ん坊はすでに冷たくなっていた。

廷章は三復のことを役所に訴えた。三復は役人に千金を贈って訴訟を握りつぶした。

縁談相手の大家では、髪をふり乱し、赤ん坊を抱いた女が現われ、

「決してあの裏切り者に娘を嫁がせてはなりません。嫁がせたなら、あたしがとり殺します」

と告げる夢を見た。大家では恐れたが、何といっても三復は大富豪だったので、娘を嫁がせることにした。

婚礼の日、三復は自ら花嫁を迎えに行った。嫁入り道具は豪勢で、花嫁も美人だったので、三復は満足した。しかし、婚礼の間中、花嫁は悲しそうにしており、一度も笑顔を見せなかった。床入りの時にも、涙を流すのであった。三復がその理由をたずねても、花嫁は何も答えなかった。

数日後、花嫁の父親が三復の邸を訪れることになっていた。当日、父親は真っ青な顔で、

「娘が裏庭の桃の木で首を吊って死んでいる」

と泣き叫びながら飛び込んできた。

「何を言っているのです？　妻ならずっと部屋から出ておりません」

三復が妻の父親を部屋に連れて行くと、果たして妻はうつむいて坐っていた。

「これはうちの娘ではない」

妻の父親がそう言った途端、妻は仰向けに倒れた。よく見ると、それは廷章の娘の死

体であった。驚いた三復が裏庭に出ると、妻が首を吊ってこと切れていた。

三復は慌てて廷章にこのことを知らせた。廷章が娘の墓を暴くと、棺のふたが壊され、死体はなくなっていた。廷章は前に訴訟を握りつぶされたことをまだ怨んでいたので、再び三復を訴えた。しかし、あまりにも奇怪な事件で、判決の下しようがなかった。三復はこのたびも賄賂を使い、また、廷章にも金を贈って訴訟を取り下げさせた。

これを境に、三復の家運は下り坂になった。また、妻が自殺したことにまつわる奇怪なうわさが広まったせいで、近隣のどの家も縁組をしたがらなかった。三復は百里離れた遠方にまで、縁組先を求めなければならなくなった。ようやく曹という進士の娘との縁談がまとまった。

その頃、朝廷が良家の娘を選んで後宮に入れるといううわさが広がった。もちろん、根も葉もないうわさではあったが、年頃の娘を持つ家では急いで輿入れさせた。ある日、三復の家に、花嫁を乗せた轎が到着した。暗い目をした老女が一人つき従っていた。

「曹家のお嬢様です」

「婚礼の日取りまでは、まだ間があるが……」

三復がいぶかしがると、

「宮女選びがさし迫っているので、輿入れを早めたのです。急なことでしきたり通りにはいきませぬが、まずはお嬢様を先に送り届けにまいりました」

「ほかにつき添いはいないのか」

「お嬢様のお道具が少々ございます。後からつき添いの者とともにまいります」

老女はそう言うと、花嫁一人を残して輔とともに帰って行った。

花嫁は仙女のように美しかった。三復はたいそう気に入り、冗談を言って気を引いてみた。花嫁はうつむいて帯の端をいじるばかりで、返事をしなかった。それは廷章の娘が三復とともに過ごす時によく見せたしぐさと似ていた。その時、遠くで赤ん坊の泣き声が聞こえたような気がした。

「ここには赤ん坊はいないはずだが」

三復は廷章の娘の生み落とした赤ん坊のことを思い出してぞっとした。

花嫁は寝台に上がって、着物を脱いだ。三復はすべてを忘れようとするかのように体を重ねた。花嫁は最初から終わりまで一言も発さなかった。三復は暗い思いで体を離した。

いつまで待っても、曹家からは誰も来なかった。三復が花嫁に触れると、すでに冷たくなっていた。三復にはまったくわけがわからなかった。曹家にこのことを知らせに人をやったところ、花嫁を送り出した覚えはないという返事が返ってきた。

「ならば、この死体は誰のものなのか？」

同じ頃、姚孝廉《ようこうれん》の娘が死んで、葬られたばかりであった。その翌日、何者かが墓を暴いて、死体を盗んだ。姚は三復の家で起こった怪異を耳にすると、早速、様子を見に行くことにした。死体を見るなり、

「ああ、うちの娘だ」

と泣き伏した。蒲団をめくると、死体は一糸まとわぬ裸であった上に、情交の跡まであった。姚は娘の死体が辱められたことを訴え出た。三復は訴訟を握りつぶそうとしたが、もう賄賂を贈る財力は残っていなかった。役人の方でも三復がたびたび正義を枉《ま》げてきたことを苦々しく思っていたので、墓を暴いて死体を辱めた罪で死刑を言い渡した。

（清『聊斎志異』）

八十七話　墨縄

慈谿県《じけい》（浙江省）の西門外に、夜な夜な僵屍《キョンシー》が出て人を害した。ある晩、数人の大工が城壁に登り、女墻《ひめがき》の陰から様子をうかがった。すると、果たして棺から僵屍が飛び出し、疾風のように走った。その遠くに走り去るのを待って、大工達は棺のある場所へ下りた。大工達は棺の四面を墨縄で弾いた。そして、再び城壁の上に隠れた。

やがて、僵屍が戻ってきた。僵屍は棺に墨縄の跡があるのを見て、中に入ることができない。しばらく辺りを見回しながら、棺の周りをうろうろしていたが、僵屍は城壁の上に人が隠れているのを見つけると、躍り上がってきた。大工達はあわてて女墻の上を墨縄で弾いた。すると、僵屍は登ることができなくなった。

やがて、日が昇ると、地面に倒れて動かなくなった。大工達は僵屍を焼き払った。

（清『右台仙館筆記』）

八十八話　身代わりを求める幽鬼

曲阿《きょくあ》（江蘇省）の男が都から戻る途中、家に着く前に日が暮れた。雨が降って来たので、無人の邸で夜を明かすことにした。

雨はほどなくしてやみ、雲間から顔を出した月が明るく照らした。荒れ果てた庭の向こうに、女が一人、やって来て軒下で立ち止まった。女は悲嘆の声を上げた。

「ああっ……」

そして、腰紐を解いて軒にかけ、首を吊った。また、軒の上に人影があり、女の首が絞まるよう紐を引いていた。男はそっと近寄って、刀で紐を切った。屋上にも切りつけると、幽鬼が西へ逃げていくのが見えた。

夜が明けて女は息を吹き返し、ものを言うことができるようになった。家はどこかとたずねれば、邸の向かいにあると言うので、送って行って両親に事情を告げた。

「これも何かのご縁でしょう」

両親は娘を男に嫁がせた。


（六朝『幽明録』）

八十九話　陳徳遇

南唐の保大《ほだい》辛亥の年（九五一）のことである。右蔵庫官の陳居譲《ちんきょじょう》は字《あざな》を徳遇といった。その宿直の晩、妻が一人で寝ていると、五更（朝四時頃）の初めに二人の下役人が書類を持って、門から入ってくる夢を見た。下役人が妻にたずねた。

「ここは陳徳遇の家か？」

「そうです」

「徳遇はどこにいる？」

「宿直で庫《くら》におります」

下役人が急いで出て行こうとしたので、妻はその後を追いかけて言った。

「徳遇は主人の字です。主衣庫官にも陳徳遇という人がいますよ。家はそこの東の小路を入ったところです」

下役人は顔を見合わせて、

「もう少しでまちがえるところだった」

と笑った。

翌朝早く、主衣庫官の陳徳遇が厠に行くと、気分が悪くなった。部屋に戻って横になり、そのまま死んだ。あの二人は冥府の下役人だったのだろう。

二人の陳徳遇はどちらも町の西側に住んでいた。それで、もう少しでまちがえそうになったのである。

（宋『稽神録』）

九十話　呪い

天宝年間（七四二〜七五六）のことである。楚丘《そきゅう》県（山東省）知事の蘇丕《そひ》が娘を李家に嫁がせた。夫には以前から寵愛する下女がいたため、新婚当初から夫婦仲はよくなかった。その下女が術士に頼んで蘇氏に呪いをかけた。呪いの言葉を書いた符を邸のごみ捨て場に埋め、また綾絹で女の人形を七体作った。高さは一尺（この時代の一尺は約三一センチ）あまりで、東の土塀に穴を開けて隠し、泥で塗り込めた。このことに、誰も気づかなかった。

数年して、夫も下女も相次いで死んだ。蘇氏が未亡人となって四、五年が過ぎた頃、綾絹を着た身の丈一尺ほどの女が七人、どこからか現われて、邸の中をうろつくようになった。蘇氏はおびえて病にかかり、女達を見るたびに発作を起こした。蘇氏はあちこちから術士を招いて、呪いを払う儀式をしたが、何の効果もなかった。このようにして一年が過ぎた。

蘇氏は数十人を集め、女達を捕らえさせることにした。待ち構えていると、女達が現われた。皆で追い回して、一人だけ捕らえることができた。女は捕らえられると、人形と化した。顔も五体もすべて揃い、手の中でしきりに動いた。刀で斬ると、血が流れた。

そこで、薪を積んで焼いたところ、仲間の女達が集まって号泣した。宙に浮かぶものもあれば、地上に立っているものもあった。焼き終わると、人を焼いたような臭いが残った。翌日になると、女達は喪服を着て現われ、号泣した。それが数日間続いた。

その後、半年の間に次々に六体の人形を見つけた。すべて焼いたのだが、一体だけ逃げられた。後を追うと、ごみ捨て場の中へ消えた。そこで、百人あまりを雇って土を掘らせた。七、八尺ほども掘ると、桃の板で作った符を見つけた。符には朱筆でこう書いてあった。

「李氏の下女、蘇氏の娘を呪うために七つの人形を作る。東の土塀の穴の中に隠す。九年後に呪いは実行されるであろう」

土塀を壊したところ、残りの一体が見つかった。ほどなくして、蘇氏の病は癒えた。

（唐『広異記』）

九十一話　王僧侶

南宋の淳祐《じゅんゆう》年間（一二四一〜一二五二）のことである。袁州（江西省）に王姓の僧侶がいた。

懇意にしている通判（州の副知事）の劉が常武《じょうぶ》に赴任することとなり、王僧侶もついて行った。劉通判に頼んで、現地の禅寺を住持の手から取り上げた。

この寺は僧侶達が皆で資産を出し合ったり、借金をしたりして建てたもので、まだ新しかった。住持であった僧侶は今までに費やした莫大な費用と、そこまでして建てた寺を奪われたことを思って嘆いた。ただ手元には、普請費用の残りの三十万銭があるだけであった。

王僧侶はこれも奪おうとした。

「これまでも、拙僧から奪う気か！」

僧侶は渡すことを拒み、自ら首をはねて命を絶った。

王僧侶は、僧侶の寺に対する執念を恐ろしく思った。そこで、寺の財産をすべてかき集めて、故郷に戻ることにした。

途中、渡し場でふり向くと、死んだ僧侶が後からついて来るのが見えた。王僧侶は後ろも見ずに歩いた。

郷里の寺に戻ってからというもの、鏡をのぞくと、いつも肩越しに死んだ僧侶の顔が見えた。そのため、鏡をのぞくこともできなくなった。王僧侶は死んだ僧侶の供養のために香と紙銭を焼いた。

数年後、王僧侶の左あごに碗くらいの大きさの瘡《かさ》ができ、絶えず膿と血が流れた。やがて、王僧侶は死んだ。

（元『湖海新聞夷堅続志』）

九十二話　小路の女

呉門《ごもん》（蘇州）のある学生が訓導の家で酒を飲んだ帰りのことである。

時刻はすでに二更（夜十時頃）を回っており、学生は一人提灯を手にほろ酔い気分で小路を歩いていた。ふと見ると、前方に紅いものが浮かんでいる。それは紅衣をまとった女の後姿であった。

すらりとした体つきで、歩き方が何とも婀娜《あだ》っぽい。こいつはとびきりの上玉だ、学生はそう思った。

「こいつは一つ、前に回ってみるか」

そこで歩調を速めて女に追いついた。追い抜きざまにちらりと視線を走らせたところ、すこぶる色っぽい美人であった。それとなく声をかけてみると、女も嫌がらなかった。

「姐さん、こんな夜中にどこに行くの？」

女が答えるには、

「許挙子橋《きょきょしきょう》に家があるのよ」

「そりゃちょうどいいや、僕と同じ方角だ。途中まで一緒に行こう」

というわけで、二人は肩を並べて歩き出した。女はかなりさばけた性分のようで、すぐに打ち解けた。かなりきわどい会話になっても恥じらい一つ見せなかった。

許挙子橋に着くと、女は言った。

「ねえ、うちに泊まっていかない？」

この願ってもない申し出に学生は大喜び。

「願うところさ」

門をくぐると、小さな楼閣があった。女は懸けてある梯子を上っていった。学生もそれに続いた。二階に上がってから女は、

「ちょっと待ってて。お茶の用意をしてくるわ」

と言って部屋に入っていった。

窓辺では一人の少年が本を読んでいた。その少年を見た途端、学生は何やら不吉な予感がした。気になってチラチラ見ていたのだが、突然、少年の顔色が変わったかと思うと、両手を上げて自分の首を肩からはずした。まるで帽子を脱ぐようであった。少年ははずした首を机の上に置いた。

「ぎゃあーっ！！」

この恐ろしい光景にたまげた学生は悲鳴を上げて卒倒した。

ちょうど、向かいの豆腐屋が用を足しに起きていてその悲鳴を耳にした。駆けつけてみると、橋のたもとの水溜りに男が倒れている。悲鳴を聞いて近所の者も集まってきた。急ぎ助け起こして介抱したところ、男は意識を取り戻した。学生であった。

ここで何をしていたのかと問われて、学生は自分の見たままを答えた。

「梯子を上ったのに、どうして水に落ちているのでしょう?」

集まった人々も不思議がった。すると、豆腐屋が言った。

「ついこの間、ここで女が間男と密会している最中、亭主に踏み込まれて殺されたんだ。おそらくお前さんは、その幽鬼にたぶらかされたんだろうて」


(清『夜譚随録』)

九十三話　楊羨と幽鬼

東晋の太元年間（三七六〜三九六）末のことである。呉県（江蘇省）の楊羨《ようせん》の家に幽鬼が住みついた。その姿は猿に似ており、顔は人で髪が生えていた。楊羨が食事をしようとすると、いつも幽鬼が横取りした。

楊羨が腹にすえかねて斬り殺そうとすると、幽鬼は逃げ回った。ちょうどその時、楊羨の妻が機織りをしていた。幽鬼は楊羨の妻の体に飛び込むと、妻の姿は幽鬼に変わった。そこへ楊羨が刀を手に追って来た。見ると、幽鬼が機織りをしている。

「思い知れ」

楊羨は幽鬼の体に何度も斬りつけた。その途端、幽鬼が妻の体の中から飛び出し、手を打ってはやし立てた。

「ケッケッケッ、殺した、殺した、自分の女房を殺しやがった」

幽鬼は笑いながら姿を消し、妻の体はズタズタに斬り刻まれていた。この時、妊娠六ヶ月で、胎児にはすでに髪が生えていた。

楊羨は悲嘆のあまり、死んだ。

（唐『広古今五行記』）

九十四話　明器の反乱

旅人が商郷（陝西省）の郊外で見知らぬ人と道連れとなった。数日して、突然、その人はこう言い出した。

「実は私は幽鬼です。家中の明器（墓の中に納める人形や道具）が反乱を起こしまして、日夜、争いが絶えません。そこで、あなたに一言、言っていただいて、この戦乱を鎮めたいのですが、お助け願えますでしょうか？」

「それで争いが収まるのでしたら、喜んでお手伝いしますよ」

すでに日暮れ時で、道の左側に大きな塚があった。その人は塚を指さした。

「これが私の塚です。あなたはこの前で大声で呼ばわって下さい。

『勅命により、金銀の一党を斬り捨てる』

それで片がつきます」

幽鬼は言い終わると、塚の中へ入って行った。その人は頼まれたとおりに言った。

「勅命により、金銀の一党を斬り捨てる」

すぐに、塚の中から刀でものを斬る音が響いた。やがて、幽鬼が塚から出て来た。その手には金銀でできた人馬の明器を持っていた。すべて首が切り落とされていた。幽鬼は、

「これだけあれば、一生、楽に暮らせるはずです。ほんのお礼のしるしです」

と言って贈った。

旅人はしばらく旅を続けて都に着いた。幽鬼からもらった金銀の明器が捕り手の目に留まり、捕まってしまった。役人に、

「これは古いものだ。さては、墓を暴いて盗んだな」

と尋問された。旅人が事実を話すと、不思議に思った役人は都の長官に報告した。都の長官から朝廷に上奏され、調査のために人が派遣された。旅人の示した塚を開いてみると、首を斬り落とされた金銀の人馬が数百体もあった。

（唐『広異記』）

九十五話　黄衣の男

晋安郡(福建省)に一人の漁師がいた。いつも谷川の水をせき止めて、魚を捕らえていた。ある日、漁師のもとを男が訪ねてきた。男は大柄で白い頭巾をかぶり、黄色い練り絹の単衣を着ていた。漁師は男と一緒に食事をした。食べ終わると、男は言った。

「明日、長さは七、八丈（この時代の一丈は約三メートル）ほどの大きな魚が、網に飛び込んできます。その魚を捕らえても、どうか殺さないで下さい」

翌日、体長は七、八丈もあろうかという大魚が群を率いて網に飛び込んできた。

「この一匹で、何十匹分もの値段で売れるぞ」

漁師は利益に目がくらみ、その大魚を殺した。腹を割くと、胃の中から何やらこぼれ出た。それは、昨日、男とともに食べた料理であった。

ほどなくして漁師とその家族は死に絶えた。


（唐『広古今五行記』）

九十六話　虱

処州松陽県（浙江省）の王六八《おうろくはち》は日用品を修理する職人であった。縉雲《しんうん》（浙江省）の周氏の家で甑《こしき》を修理していた時、腰の辺りが猛烈にかゆくなった。手を突っ込むと、一匹の虱《しらみ》を捕まえた。指でつぶそうとしたが、にわかにいたずら心が起こった。甑に小さな穴を開けると、そこへ虱を入れ、小さな木切れで穴をふさいだ。

一年後、王六八は再び縉雲を訪れた。周氏から去年直した甑の修理を頼まれた。王六八は去年のことを思い出し、甑の穴から木切れを取り除いた。驚いたことに、虱はまだ生きており、もぞもぞと動いていた。

王六八は虱をつまみ上げて、手の平に載せた。

「お前にはずいぶんひもじい思いをさせたな。たらふく血を吸ってくれ」

虱はその言葉がわかったのか、手の平をかんだ。ほんのわずかしか血は流れなかったのだが、かゆくて、かゆくてたまらない。かいているうちに、傷ができた。やがて、傷は化膿して腫れ物になった。腫れ物は腕から背中まで広がった。医者や薬も役に立たなかった。王六八は体中に腫れ物が広がって死んだ。

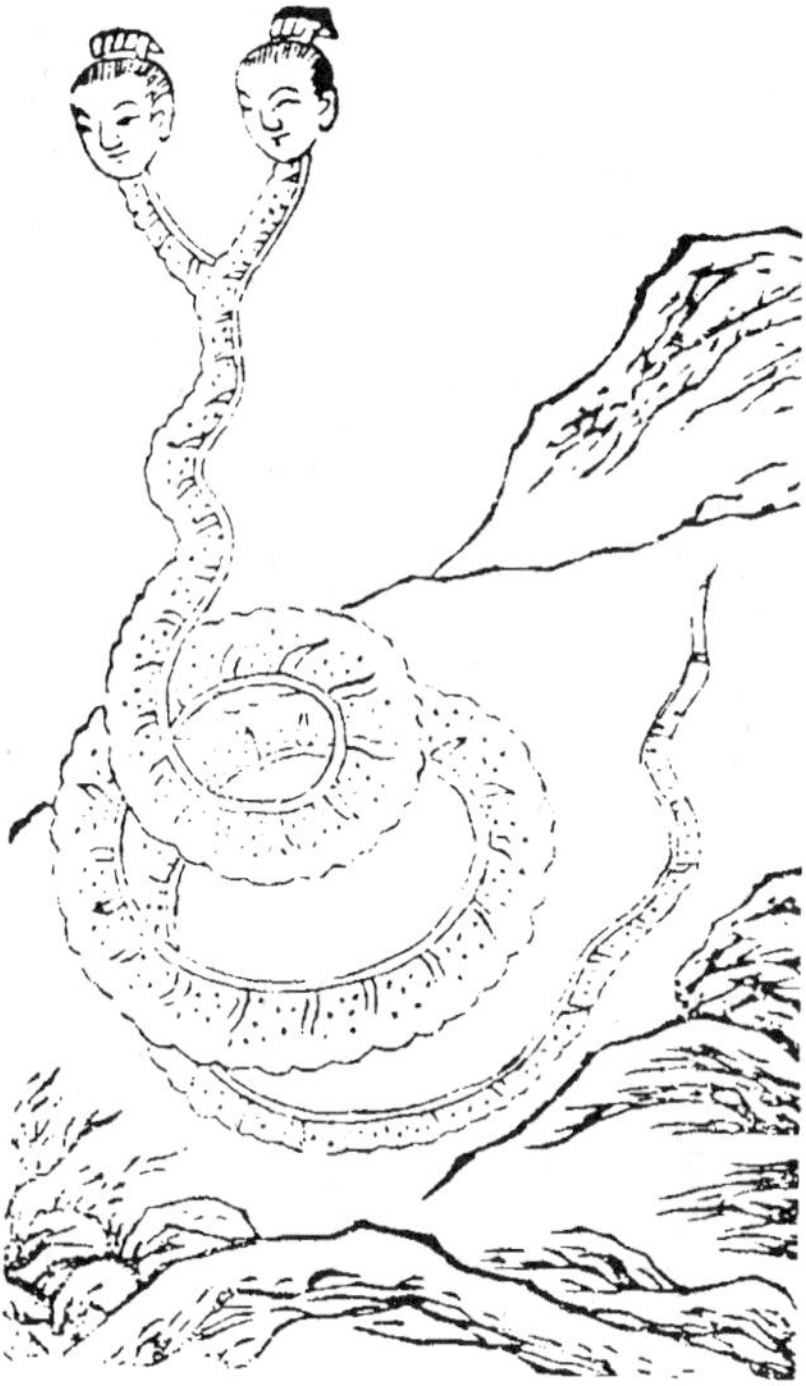

（宋『夷堅志』）

九十七話　離縁状

岳州平江県（湖南省）知事の吉撝之《きつぎし》は唐州湖陽（河南省）の人である。最初、枢密使王倫の妹を娶ったが、死別したため、同郡の張氏を後添えに迎えて長沙《ちょうさ》（湖南省）に住んだ。

後に張氏は女児を産み、数日して重病に陥り、医者も手の施しようがなかった。張氏の母はたいそう心配して、年老いた巫女を招いた。巫女は張氏を見るなり、

「先妻の王氏が前に立っていて、ひどく祟っております」

と言った。そこで、吉撝之は祭壇を設けて王氏の霊に向かって祈祷し、法要を営んで供養するから許してくれと頼んだが、王氏の霊は去らなかった。

巫女は吉撝之に告げた。

「人間の夫婦と同じように離縁状を書いて与えれば、助かるでしょう」

吉撝之は相手がすでに死んだ妻とはいえ、離縁状を書くことをためらった。しかし、張氏の容態が日に日に悪くなっていったため、やむなく涙をふるって離縁状を書いて巫女に渡した。巫女が離縁状を紙銭とともに焼いた。

巫女によれば、

「王氏は離縁状を広げて読んでおりましたが、読み終わると、泣きながら出て行きましたぞ」

とのこと。果たして、ほどなくして張氏の容態は回復した。

生者が死んだ妻を離縁したなど、聞いたことがない。

（宋『夷堅志』）

九十八話　魂の形

南斉の永明元年（四八三）のことである。尚書令史の馬道猷《ばどうゆう》が役所で執務していると、突然、目の前に大勢の鬼が現われた。驚いた道猷がそばにいる者に、

「あれが見えるか？」

とたずねたが、誰も見えないと言う。しばらくすると、二匹の鬼が道猷の耳の中に入り込んで、何かを押し出そうとした。それは履《くつ》の上に落ちた。道猷は言った。

「や、これはまずい。魂が押し出されてしまった」

道猷は魂を指さしてそばにいる者に、

「これが見えるか？」

とたずねると、やはり何も見えないと言う。そばにいる者が、

「魂はどのような形をしているのですか」

とたずねると、

「ひきがえるのような形をしている」

と答えた。そして、

「私はもう生きてはおられまい。幽鬼が今もまだ耳の中にいるのだ」

耳を見ると、両方とも腫れ上がっていた。翌日、道猷は死んだ。

（六朝『祖沖之述異記』）

九十九話　目玉

唐の粛宗《しゅくそう》の御世《みよ》のことである。尚書郎の房集《ぼうしゅう》はすこぶる権勢をふるっていた。

ある日、房集が私邸に一人でいるところへ、突如、どこからともなく一人の少年が現われた。年の頃は十四、五で、髪を眉のあたりで切りそろえている。手に嚢《ふくろ》を持って房集の前に立った。てっきり親類か知人の子供があいさつに来たのかと思い、声をかけたのだが、返事がない。

「嚢には何が入っている?」

とたずねると、少年は笑って答えた。

「目玉です」

そして、嚢を傾けると、何升もの目玉が転がり出た。目玉は床に散らばり、中には壁に沿って屋根にまで上がるものもあった。家中大騒ぎをしている間に、少年は姿を消した。気がつけば目玉も消えていた。

後に房集はある事件に連座して誅殺された。


（唐『原化記』）

用語一覧〔五十音順〕

郷試《きょうし》　三年に一回、各省の省城で行なわれる科挙の一つ。合格者は都の会試を受験する資格を得た。

僵屍《キョンシー》　死後、腐乱せず、長い歳月を経ても、朽ちて骨にならない死体。

行者　僧侶ではない、仏道の修行者。

紙銭《しせん》　死者に供える紙で作った銭。焼くと、冥土で本物の銭となると信じられていた。

秀才　府・州・県いずれかの学校の学籍を得た者。科挙を受験する資格を有する。

尚書《しょうしょ》　六部（吏・戸・礼・兵・刑・工部）の長官。

尚書郎《しょうしょろう》　尚書省（宮中文書の発布をつかさどる）の管理職。

進士《しんし》　科挙の合格者。

清明節　春分から十五日目。新暦の四月五、六日に当たる。この日に郊外に出て墓参りをする。

節度使《せつどし》　唐代、地方の軍政・行政をつかさどった地方長官。

あとがき（文庫化にあたり一部改稿）

中国には古来より怪奇な事象を記録する伝統があった。それは六朝時代の志怪小説にはじまるとされる。「志怪」とは読んで字の如く「怪を志《しる》す」という意味で、見聞した怪異現象を脚色なしで記録したものである。記述は客観的で簡潔、合理的な解釈など一切ない。どんなに怪奇なこともあくまでも事実として扱っているのである。例えば「鼠」。鼠に死ぬ日時を予言された男がその予言を無視したところ、当日死んだのは鼠の方だった、というオチも何もない話である。どうして鼠が話せるのかという説明はないし、もちろん死んだ理由も書かれていない。

魯迅は『中国小説史略』の中で六朝の志怪小説についてこう述べている。

「当時は冥界と人間世界とは存在の仕方が違うけれども、人間も鬼もみな実在すると考えていたから、不可思議な事の叙述と人間世界の日常的な事の記載とは、彼ら自身にとっては、真実と虚妄の区別がなかった」

真実と虚妄の区別がないためか、あの世とこの世の間にも明確な境界がないようである。中国では幽霊のことを「鬼」と言う。これに倣って本書では幽霊を「幽鬼」と呼ぶことにしている。日本の幽霊は成仏できない亡者が化けて出たもの、というイメージが強いが、中国の場合は怨念を持たない幽鬼の方が多い。これらの幽鬼がしばしば境界を越えてこの世にさまよい出てくる。その姿は生きている人間と変わらず、男も女もいる。女の中には絶世の美人もいる。物も食べるし、子供も産むし、恋だってする。また、幽鬼の存在を否定する男に論争を吹っかけに行ったり、その反対に幽鬼でありながら「幽鬼はいない」と言ってみたり、自分が死んでいることも忘れて出世のために努力したりと、すこぶる人間的である。真実と虚妄同様、人間と幽鬼との明確な区別もないということかもしれない。

中国はその悠久の歴史と同じくらい大量の怪異談に恵まれている。惜しいことに翻訳されているのはほんの一部である。それなら自分で訳してしまえとはじめたのが、メールマガジン『中国の不思議な役人』である。一九九八年の創刊以来コツコツ翻訳を続けているが、まだまだ多くの怪異談が手つかずのまま残っている。これからも一話でも多く訳し、紹介していければと思っている。

寄暢園主人　話梅子

本書は、2008年1月当社より単行本として刊行されたものを文庫化したものです。

アルファポリス文庫

中国百物語《ちゅうごくひゃくものがたり》

話 梅子（ファ メイズ）

2008年 11月 1日初版発行
2008年 11月11日第2刷発行

文庫編集ー加藤純
発行者ー梶本雄介
発行所ー株式会社アルファポリス
〒150-0031東京都渋谷区桜丘町15-15NKG東京第2ビル
TEL 03-3780-7977
URL http://www.alphapolis.co.jp/
発売元ー株式会社星雲社
〒112-0012東京都文京区大塚3-21-10
TEL 03-3947-1021
装丁デザインーansyyq design
印刷ー東京書籍印刷株式会社

価格はカバーに表示されてあります。
落丁乱丁の場合はアルファポリスまでご連絡ください。
送料は小社負担でお取り替えします。

ISBN978-4-434-12305-4 C0197